# L'histoire de Belfast

Localité dont l'existence remonte à quelque quatre siècles, Belfast est une ville ancienne sans être très vieille. Néanmoins, de nombreuses preuves historiques attestent la présence de populations dans la vaste plaine alluviale de la Lagan durant des milliers d'années. En bordure de la ville, le "Giant's Ring", immense enclos circulaire de terre levée vieux de 5.000 ans, est un témoin évident des activités de l'homme au néolithique. De plus, les collines qui entourent Belfast sont constellées de vestiges de fortifications datant de l'âge du fer.

"Belfast" est une anglicisation de Béal feirste, terme irlandais désignant les bancs de sable et de boue qui permettaient de traverser à gué l'embouchure de la Farset. Passage dangereux près duquel se trouvait jadis une chapelle, où les voyageurs pouvaient implorer la protection divine avant de partir ou rendre grâce en arrivant sains et saufs, et à la place de laquelle fut bâtie l'église Saint-Georges que l'on voit sur High Street.

Contrôler ce passage à gué, c'était contrôler toute la région de sorte que, lorsqu'il envahit le Down et l'Antrim, en 1177, le chevalier normand Jean de Courcy le fit garder par un château fort. Belfast attendit encore quatre cents ans avant de devenir une ville, jusqu'à l'arrivée de colons anglais et écossais qui s'y installèrent dans le cadre de la politique menée par Jacques I$^{er}$, la "Plantation de l'Ulster".

Sir Arthur Chichester, Lord Député d'Irlande, reçut des terres en Ulster, dont le château de Belfast qu'il fit rebâtir en 1611. En 1613, suite à l'octroi d'une Charte d'Incorporation par Jacques I$^{er}$, Belfast obtint le statut de ville, statut qu'elle devait conserver 275 ans. La petite ville se mit à grandir très vite, son marché et son port aussi. Les produits agricoles – laine, peaux, grain, beurre, viande salée – qui arrivaient des campagnes environnantes étaient embarqués à destination d'autres ports de l'île et puis vers l'Angleterre, l'Écosse, la France. À la fin du XVII$^e$ siècle, Belfast faisait également du commerce avec les colonies d'Amérique: rien qu'en 1683, on y importa plus de 17 tonnes de tabac. Le sucre, qui arrivait des Indes Orientales, était raffiné sur place. Belfast garde dans le nom de certaines de ses rues, Sugarhouse Entry par exemple, le souvenir de ses activités d'antan.

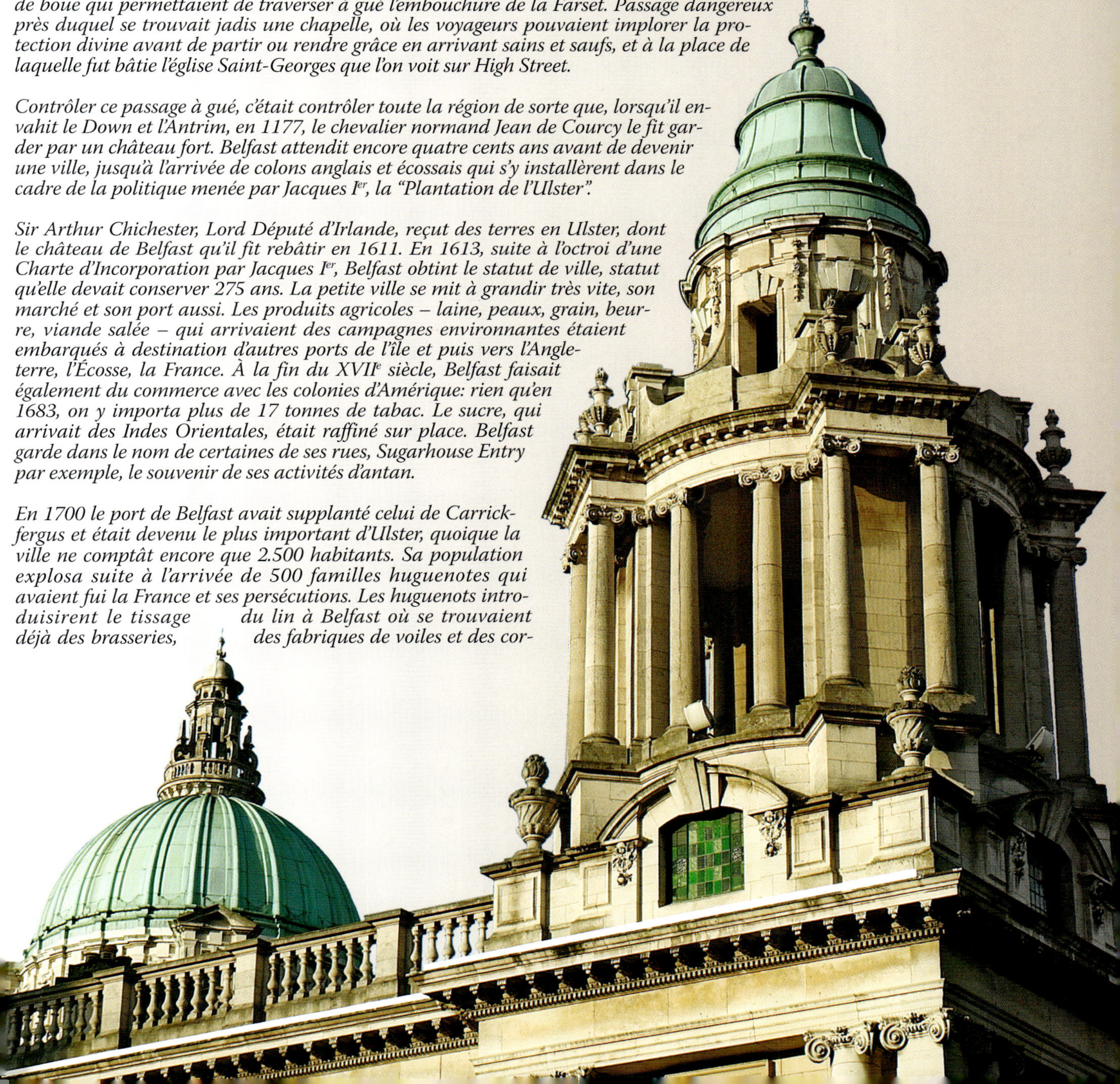

En 1700 le port de Belfast avait supplanté celui de Carrickfergus et était devenu le plus important d'Ulster, quoique la ville ne comptât encore que 2.500 habitants. Sa population explosa suite à l'arrivée de 500 familles huguenotes qui avaient fui la France et ses persécutions. Les huguenots introduisirent le tissage du lin à Belfast où se trouvaient déjà des brasseries, des fabriques de voiles et des corderies. À cette époque, le cœur de ville était High Street, la grand rue qui longeait la Farset, du château jusqu'à un dock d'où elle rejoignait la Lagan. On n'y trouvait que deux grands édifices: le château et l'église paroissiale.

L'industrie linière eut un grand impact sur l'essor et la richesse de Belfast qui exporta son lin en quantités croissantes au XVII$^e$ siècle: de 200.000 yards en 1701, on était passé à 17 millions en 1773. Des améliorations urgentes étant nécessaires au niveau du port, un comité spécial fut créé en 1785 et, dans la même logique, un premier chantier naval vit le jour en 1791. Les années 1880 furent celles d'une croissance industrielle inégalée. En 1873, Belfast était devenue le plus gros centre linier au monde, place qu'elle garda jusqu'en 1914, et employait des milliers d'ouvriers dans ses filatures. Quant aux grands chantiers navals Harland & Wolff, ils furent ouverts en 1861 et passèrent à la postérité, surtout pour avoir construit l'infortuné Titanic.

La richesse industrielle de Belfast lui permit de se parer de superbes bâtiments victoriens. Ainsi le bureau du port fut-il bâti en 1854 et les douanes en 1857. Quant à la grande tour de l'horloge, elle fut érigée en 1867. Lorsque la reine Victoria accorda à Belfast son statut de "city", en 1888, décision fut prise de bâtir un nouvel hôtel de ville avec les bénéfices de l'usine à gaz dont le Conseil municipal était en charge. C'est ainsi que fut construit le Belfast City Hall, joyau de la parure architecturale de la ville.

Le XX$^e$ siècle fut une période de changement politique à Belfast et dans toute l'Irlande du Nord. En 1920, le Government of Ireland Act institua deux territoires indépendants en Irlande. Cette mesure divisa le pays en deux: l'Irlande du Nord, qui se dota d'un Parlement, et l'Irlande du Sud, où la loi ne fut pas mise en pratique. De 1921 à 1932, le Parlement nord-irlandais siégea dans les locaux de l'Assembly's College (aujourd'hui Union Theological College) sur Botanic Avenue, avant que de s'installer dans ses nouveaux bâtiments de Stormont, à l'est de la ville.

L'histoire récente de Belfast a souvent été marquée par des tensions politiques et des conflits intercommunautaires mais, heureusement, le pays est désormais entré dans une phase plus stable et Belfast connaît un véritable renouveau. Le Victoria Shopping Center, grand centre commercial qui a ouvert ses portes en 2008, est au cœur d'une activité en pleine expansion tandis que dans les domaines de la culture et des loisirs, des lieux tels que le palais de la musique de Waterfront Hall et le complexe Odyssey sont des réalisations dont Belfast peut s'enorgueillir. Les visiteurs ne s'y trompent pas qui viennent du monde entier se plonger dans l'atmosphère d'une ville qui a du cœur.

À gauche: l'Albert Memorial Clock, tour terminée en 1869.
Ci-dessous et à droite: le château de Belfast.

# Belfast

*L'histoire de Belfast*

## Sa situation

Située sur la côte nord-est de l'Irlande, à l'extrémité occidentale du Belfast Lough et à l'embouchure de la Lagan, Belfast est comme blottie entre plusieurs collines, dont Cave Hill qui aurait inspiré à Jonathan Swift ses *Voyages de Gulliver*.

La ville est bien desservie par les différents réseaux de transports. Le *George Best Belfast City Airport* n'est qu'à dix minutes du centre ville et assure des liaisons avec toutes les grandes villes de Grande-Bretagne et d'Europe. Quant à l'aéroport international de Belfast Aldergrove, il est à moins d'une demi-heure par l'autoroute M2. La gare centrale de Belfast est très bien reliée aux autres villes d'Irlande du Nord ainsi qu'avec Dublin, par le réseau des trains Enterprise. Enfin, les liaisons maritimes par ferry sont d'une excellente qualité entre Belfast et plusieurs ports écossais et anglais.

Le *Belfast Welcome Centre*, Office du Tourisme situé en centre ville, est le point de départ idéal pour les visiteurs qui désirent explorer la ville et obtenir de l'aide. Que l'on opte pour un tour des pubs ou des galeries d'art, pour un circuit-découverte "*Titanic Trails*" ou "*Christian Heritage*", que l'on souhaite faire des recherches généalogiques ou trouver un hôtel, c'est là qu'il faut s'adresser.

**Belfast Welcome Centre**
Tél.: +44 (0)28 9023 9026
info@belfastvisitor.com
www.gotobelfast.com

# Belfast aujourd'hui

Comme toutes les grandes villes, Belfast est traversée par une rivière, la Lagan, dont les berges offrent de belles promenades au gré desquelles le regard est irrésistiblement attiré par de grandes œuvres d'art. Tout autour, la ville invite à se détendre à la terrasse d'un café, à profiter de la bonne table d'un restaurant ou à se plonger dans son atmosphère vibrante. Une ville au tissu très dense qui se visite facilement à pied et dans laquelle le visiteur n'a aucune peine à se fondre.

Au fil des années Belfast s'est structurée en plusieurs quartiers dont chacun possède un charme particulier et une personnalité qu'ont forgés l'histoire, l'architecture ou le hasard. Mais, de toutes, la période victorienne est indubitablement celle qui a le plus profondément marqué l'architecture et l'urbanisme de Belfast, qui l'a façonnée telle qu'elle s'offre à nous aujourd'hui.

Plus que tout autre, un architecte victorien a laissé une empreinte indélébile dans l'héritage architectural de Belfast, Sir Charles Lanyon, à qui la ville doit nombre de ses édifices les plus imposants. En effet, des bâtiments tels que l'université, les douanes, la bibliothèque municipale, le tribunal et, même, la prison, portent tous la marque du style de Lanyon. Ceux-ci se tiennent aujourd'hui à côté de constructions tantôt plus anciennes tantôt plus récentes et c'est justement ce mariage de périodes et de styles différents, mélange apparemment hétéroclite mais vécu, qui confère tant de charme et d'authenticité aux rues de Belfast.

Les visiteurs qui séjournent en centre ville ont tout le loisir de savourer pleinement la vie citadine. Le marché couvert, *St George's Market*, est un excellent endroit pour prendre le pouls de Belfast. Il s'y tient des marchés hebdomadaires où l'on vend toutes sortes de produits frais d'Irlande du Nord et d'ailleurs, mais aussi des marchés de l'artisanat, des expositions, des fêtes, des concerts.

*Page ci-contre: l'hôtel Europa, l'Office du Tourisme, détail d'une sculpture. Cette page: May Street.*

*Belfast*

Le *Waterfront Hall* est situé juste en face du *St George's Market*, sur Lanyon Place. Il s'agit de la plus grande salle de concerts de Belfast, un lieu incontournable pour tous les amateurs de musique *live*. Près de là se trouve également le tout nouvel espace consacré aux spectacles en plein air, Custom House Square, dont la programmation est époustouflante (concerts, festivals et autres événements publics). À brève distance du centre ville toujours, l'*Odyssey*, le plus grand complexe d'Irlande associant sport, spectacles et culture, réunit des restaurants, des bars, des cinémas. Quant au *City Hall*, l'hôtel de ville qui se dresse au cœur même de Belfast, il offre ses agréables pelouses aux pique-niqueurs et ses somptueux intérieurs aux visites guidées.

Cathedral Quarter, le quartier qui gravite autour de la cathédrale Sainte-Anne, est le plus ancien de Belfast. Il réserve bien des découvertes avec ses ruelles pavées, ses allées menant à de grandes maisons victoriennes, ses pubs douillets, ses bars très tendance, ses restaurants chic. Quant au

*En haut: la cathédrale Sainte-Anne.*
*À gauche: Waterfront Hall.*
*À droite: le douanes.*

Queen's Quarter, où se trouve la superbe université du même nom, il se situe au sud de la ville. C'est un quartier tout à fait différent des autres, avec une atmosphère et un charme que l'on ne trouve nulle part ailleurs à Belfast. Extrêmement verdoyant et arboré, il a pour cœur le poumon vert de la ville, le jardin botanique, mais, quartier universitaire, il bénéficie aussi de l'énergie et de la vitalité de sa population estudiantine.

Belfast a elle aussi son Gaeltacht Quarter, le quartier d'expression gaélique situé autour de Falls Road et ayant pour cœur le *Cultúrlann Mc Adam Ó Fiaich*, centre culturel irlandais installé dans une ancienne église presbytérienne. L'atmosphère cosmopolite qui règne à *"An Cultúrlann"* et l'excellente réputation de sa cuisine lui ont valu de devenir un lieu de rencontre incontournable pour les voyageurs étrangers et les célébrités de passage à Belfast.

*À gauche:* le Café Vaudeville, *en centre ville.*
*Ci-dessous: une bière au* Crown Bar.
*En bas: le* Lanyon Building, Queen's University.

# City Centre

Le *City Centre* de Belfast est le cœur d'une métropole dynamique et prospère. Lorsque leur ville obtint de la reine Victoria son statut de "city", en 1888, les habitants de Belfast se firent un devoir de bâtir un hôtel de ville à la hauteur de son prestige.

Le *City Hall* est aujourd'hui encore l'expression parfaite de la prospérité et de l'orgueil civique d'une ville de sa qualité à l'aube du XXe siècle.

Il est également l'un des plus beaux exemples d'architecture néoclassique de toutes les Îles britanniques.

Mais la ville ne vivait pas que de formalisme et à l'époque on savait aussi s'amuser. Des lieux de distraction tels que l'Opéra (*Grand Opera House*), la salle de spectacles *Ulster Hall* et, bien sûr, le célèbre *Crown Bar*, montrent combien les habitants de Belfast appréciaient la bonne musique, la comédie, le théâtre, et une bonne bière, tout comme ils continuent de le faire aujourd'hui.

# City Hall

L'hôtel de ville est le meilleur endroit pour commencer la visite de Belfast dont il domine le centre. Implanté dans un superbe jardin public et dû à l'architecte Alfred Brumwell Thomas, le bâtiment de style néo-Renaissance est construit en pierre de Portland et marbre d'Italie. De forme rectangulaire, il possède une grande cour, elle aussi quadrangulaire. La construction du *Belfast City Hall*, inauguré en 1906, coûta la somme de 360.000 £ et fut financée par les bénéfices de l'usine à gaz de la ville.

Les visiteurs y sont accueillis par une entrée des plus majestueuses. L'impressionnante porte cochère en pierre de taille introduit d'abord dans un vestibule octogonal revêtu de marbre puis dans un hall magnifique dont l'escalier d'honneur est en marbre de quatre qualités différentes. Le dôme principal au très riche décor culmine à une hauteur d'environ 53 mètres et, sous la rotonde, une galerie circulaire surplombe le hall d'entrée.

*Ci-contre: l'Ulster Hall.*
*À droite: statue de la reine Victoria, devant l'hôtel de ville.*
*Ci-dessous: l'hôtel de ville.*

*En haut, à gauche: l'hôtel de ville, vu de Donegall Place.
Ci-dessus, à droite: entrée et façade de l'hôtel de ville.
Ci-contre: la porte cochère de l'hôtel de ville.*

Parmi les salles somptueuses, signalons la *Council Chamber* qui accueille les réunions du Conseil municipal (il y siège chaque premier jour ouvrable du mois) et rassemble une remarquable série de portraits dont ceux d'Édouard VII par Harold Speed, de la reine Victoria, de Sir Edward Harland et de Sir Robert Coey par Sir Thomas Jones, de Sir Robert Anderson par Henrietta Rae et du comte de Shaftesbury par Sir John Lavery.

La grande salle fut pratiquement détruite par un raid aérien allemand dans la nuit du 4 mai 1941. Ses sept superbes fenêtres à vitraux, qui avaient heureusement été mises à l'abri, regagnèrent leur place après la guerre au cours des travaux de restauration grâce auxquels la salle retrouva toute sa splendeur.

À l'extérieur, parmi les nombreuses œuvres remarquables des jardins de l'hôtel de ville, signalons "*Thane*", sculpture en marbre sur socle en granite due à Sir Thomas Brock. Dévoilé en 1920, ce monument commémore le naufrage du *Titanic* en 1912. Quant au *Belfast War Memorial*, il fut inauguré en

*City Centre*

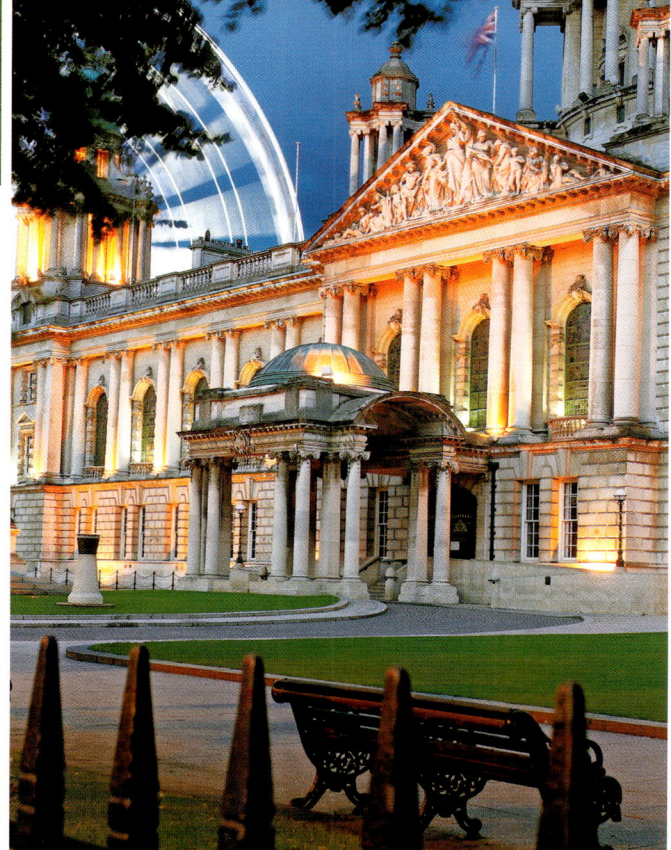

1929. En forme de cénotaphe grec placé devant une colonnade en hémicycle, ce monument à la mémoire des victimes de la Première Guerre mondiale est l'œuvre d'Alfred Brumwell Thomas.

L'hôtel de ville de Belfast fut le siège du premier Parlement d'Irlande du Nord après la partition du pays, en 1921. Il a souvent été au cœur d'immenses rassemblements et manifestations, tels que la célébration de la victoire du 8 mai 1945. Des visites sont organisées à l'intérieur du *City Hall* et dans ses jardins. Détails et horaires sont disponibles à l'accueil, dans le grand foyer, ou bien à l'Office du Tourisme (*Belfast Welcome Centre*), en centre ville.

*Ci-dessus, à gauche: détente sur les pelouses de l'hôtel de ville.*
*Ci-dessus, à droite: le mémorial de l'hôtel de ville.*
*À droite: vue nocturne de l'hôtel de ville.*

# Linen Hall Library

La *Linen Hall Library*, située sur Donegall Square North, en face de l'hôtel de ville, est la plus ancienne de Belfast et la dernière bibliothèque par souscription d'Irlande. Fondée en 1788 en tant que *Belfast Reading Society*, elle se voua essentiellement à l'histoire naturelle, civile, commerciale et ecclésiastique de l'Irlande, orientation qu'elle a conservée jusqu'à nos jours. D'abord installée au White Linen Hall, bâtiment situé à l'emplacement de l'hôtel de ville, elle fit en 1888 l'acquisition de son siège actuel, un ancien entrepôt de lin des années 1860. La *Linen Hall Library*, qui abrite les *Irish and Local Studies* pour l'Irlande du Nord, possède l'une des collections documentaires irlandaises les plus réputées au monde. Son fonds, extrêmement riche, va de la très complète collection "Histoire ancienne de Belfast et de l'Ulster" aux quelque 250.000 titres de la collection "Politique de l'Irlande du Nord", archives exhaustifs des troubles récents. Un patrimoine où la curiosité des visiteurs est la bienvenue. Des visites gratuites de la bibliothèque sont proposées tout au long de l'année, sur réservation.

Ci-dessus: la Linen Hall Library.
À droite: l'intérieur de la bibliothèque.

# Le Crown Bar

Le *Crown Liquor Saloon*, mieux connu sous le nom de *Crown Bar*, est à la fois une merveille architecturale et l'un des pubs les plus réputés de la ville. En effet, ce monument historique témoin de l'opulence de l'époque victorienne n'en reste pas moins un vrai pub qu'aiment à fréquenter aussi bien les habitants de Belfast que les visiteurs.

Bâti en 1826, comme simple taverne (*Railway Tavern*), il fut repris dans les années 1880 par un certain Michael Flanagan auquel succéda son fils Patrick.

S'inspirant de l'architecture qu'il avait pu voir en Espagne et en Italie, ce dernier conçut pour son pub d'ambitieux projets d'agrandissement et fit appel à des artisans italiens pour réaliser son rêve. L'opulence de la décoration du *Crown*, ses superbes vitraux, ses plâtres moulés, ses céramiques minutieuses, ses boiseries merveilleusement sculptées, ses sonnettes électriques, tout fit fureur dès son inauguration en 1885.

Dans les années 1960 et 1970, le *Crown* fut endommagé par quarante explosions. Il est en effet situé juste en face de l'Europa, l'hôtel européen qui totalise le plus d'attentats.

Lorsque l'État en fit l'acquisition, en 1978, le célèbre pub bénéficia d'un programme complet de restauration qui lui redonna toute sa splendeur victorienne.

*Belfast*

## High Street

Ce fut la toute première grand rue de Belfast. Elle était le théâtre des défilés militaires qui descendaient du château, d'où son premier nom, Grand Parade Street. Il ne reste aucune trace de l'ancien château de Belfast mais la partie haute de la rue porte toujours le nom de Castle Place. Dans les années 1600 et 1700, la Farset déborda et inonda la rue en son milieu mais, avec le temps, les berges de la rivière se transformèrent en quais, entre la ville en pleine expansion et son port très actif. Il reste des traces de ce passé maritime dans le nom des rues, comme Skipper Street, et dans celui des pubs: le *Mermaid Inn* sur Wilson's Court; le *Morning Star* sur Pottinger's Entry et le *Crow's Nest* dans Skipper Street.

*À droite: Pottinger's Entry.*
*Ci-dessous: Cave Hill.*
*Ci-dessous (dans l'encadré): Jonathan Swift.*

## Jonathan Swift

L'écrivain satirique irlandais Jonathan Swift (1667-1745) habita dans une rue voisine, Waring Street. On dit que Cave Hill, la colline qui domine Belfast, lui inspira *Les Voyages de Gulliver* car sa silhouette fait penser au profil de la tête d'un géant étendu.

# Grand Opera House

L'Opéra de Belfast ouvrit ses portes le 23 décembre 1895. Son succès fut immédiat. Des foules s'y pressaient pour assister aux spectacles en tous genres qui y étaient donnés: opéras, tragédies, comédies et nouveautés londoniennes, opéras comiques et music-halls.

Depuis, la scène du *Grand Opera House* a accueilli de nombreuses vedettes. En 1963, par exemple, le jeune Luciano Pavarotti s'y produisit pour la première fois en Grande-Bretagne dans le rôle du lieutenant Pinkerton, dans *Madame Butterfly*.

Construit par Frank Matcham, spécialisé dans les théâtres, l'Opéra de Belfast est une expression des plus glorieuses du talent des architectes, des peintres et des artisans de l'époque victorienne. Son décor, très riche, associe des éléments d'inspiration indienne, comme les têtes d'éléphant et les plâtres qui ornent les deux balcons, et de nombreuses dorures à la feuille d'or.

En 1950 l'Opéra fut transformé en cinéma et le resta durant vingt ans, après quoi, en 1972, il fut fermé. C'est grâce aux campagnes menées par l'association *Ulster Architectural Heritage Society* qu'il fut classé monument historique et put être sauvé.

À droite:
l'Opéra de Belfast.

*Belfast*

Après les travaux de restauration, entamés en 1975, l'Opéra rouvrit en 1980. Il fut endommagé par des attentats à la bombe en 1991 et 1993 mais les dégâts furent rapidement réparés. Aujourd'hui, le *Grand Opera House* continue d'offrir une excellente programmation dans le domaine théâtral et accueille régulièrement des compagnies du monde entier.

*Belfast*

# St George's Market

Achevé en 1896, *St George's Market* était le supermarché de l'époque, un endroit où les gens venaient acheter leurs œufs, leur beurre, leurs volailles, leurs fruits et leurs légumes. Belfast disposait alors de plusieurs marchés couverts mais il est le seul à avoir survécu.

Les marchés hebdomadaires qui s'y tiennent encore de nos jours sont un vrai plaisir pour les visiteurs qui y sont toujours les bienvenus. On vient aussi au marché Saint-Georges pour assister à des manifestations telles que défilés de mode, tournois de boxe et expositions.

*Ci-contre: la belle entrée du marché couvert.*
*À droite: brocante au St George's Market.*
*Ci-dessous: produits frais sur les étals du St George's Market.*

## Belfast

### Waterfront Hall

C'est en 1997 que Belfast inaugura son superbe *Waterfront Hall*, sur Lanyon Place, au bord de la Lagan.

Ce splendide complexe habillé de verre semble flotter sur les eaux de la rivière et ne dépareille nullement aux côtés des bâtiments victoriens dans le paysage de Belfast dont il est l'une vedettes architecturales. Son auditorium circulaire, d'une capacité de 2.235 places assises, accueille des spectacles en tous genres: opéras, ballets, concerts de musique classique et de rock, comédies et one-man-shows. De très belles œuvres d'art ont été placées aux abords du Hall, comme le "*Barrel Man*" à califourchon sur son tonneau de bière, ou bien, en face, sur l'esplanade, le groupe "*Sheep on the Road*". Cette œuvre rappelle qu'à cet endroit se trouvait autrefois le plus grand marché aux moutons et aux bestiaux de Belfast.

Ci-dessus: l'auditorium circulaire du Waterfront Hall.
Ci-dessous: Waterfront Hall au bord de la Lagan.

# St George's Church

Les annales attestent l'existence d'une chapelle au bord de la Farset, au lieu-dit *Béal feirste*, depuis près de mille ans. Elle dépendait de l'église de Sancles (Shankill) et servait à ceux qui s'apprêtaient à traverser la rivière à gué sur les fameux bancs de sable et de boue. Une entreprise dangereuse par grandes marées et pour laquelle on se recommandait au ciel.

L'église actuelle est un grand édifice élégant de style géorgien conçu par l'architecte dublinois John Bowden et terminé en 1816.

Oliver Cromwell, qui s'y arrêta avec ses troupes, utilisa le plomb de la toiture pour en faire des munitions. Quant à Guillaume III, en route pour la bataille de la Boyne, il y assista à un office le 15 juin 1690. Le siège en chêne qui servit au roi est toujours utilisé de nos jours.

À droite: l'église Saint-Georges (intérieur).
Ci-dessous: l'église Saint-Georges (extérieur).

*Ci-dessus: détail de l'église presbytérienne de May Street.
En bas: l'église presbytérienne de May Street, de pur style géorgien.*

## Cornmarket

Cornmarket est une courte rue qui, de Castle Place, descend jusqu'à Arthur Square. C'est là que le 17 juillet 1798 fut exécuté Henry Joy McCracken, membre éminent de la communauté de Belfast qui avait participé à la rébellion de l'Ulster. Capturé après la défaite du groupe d'Irlandais Unis qu'il avait menés à la bataille d'Antrim, il fut jugé et condamné à mort. La potence fut dressée devant la *Market House*, bâtiment destiné aux réunions publiques qui avait été construit en 1639 sur un terrain donné à la ville par un de ses aïeux. Enterré au cimetière de Saint-Georges, le corps de McCracken fut transféré par la suite au cimetière de Clifton Street.

## St Malachy's Church

Non loin de l'hôtel de ville, sur Adelaide Street, l'église Saint-Malachie est un bel édifice de style gothique élisabéthain. Elle fut dessinée par Thomas Jackson et consacrée en 1844 par l'archevêque William Crolly. Avec ses tourelles et ses meurtrières, elle ressemble à un château fort dont les portes cloutées donnent accès à un intérieur extraordinaire aux superbes voûtes en éventail inspirées de celles de la chapelle d'Henri VII en l'abbaye de Westminster. Son orgue, dû à la célèbre famille Telford

de Dublin, est l'un des plus grands d'Irlande. En 1868, l'église fut dotée du plus haut clocher de la ville mais quelque temps plus tard la cloche en fut enlevée: on se plaignit en effet de ce que son bruit nuisait à la maturation du whiskey de Dunville's, la distillerie voisine!

## May Street Presbyterian Church

Oasis de tranquillité en pleine ville, l'église presbytérienne de May Street est restée en service sans interruption depuis 1829. Il s'agit d'un bel édifice de style géorgien dont l'élégance retenue tient aux proportions qui lui ont été données. Elle fut dessinée par William Smith et bâtie par John Brown. En façade, elle présente un large escalier et un fronton coiffant deux colonnes de style ionique et quatre piliers de 8,50 mètres de haut. À l'intérieur, le vestibule est dominé par un arc de triomphe classique en miniature, le *Cooke Memorial Doorway*. Des escaliers symétriques en pierre mènent à la galerie appuyée sur des colonnes en fonte et revêtue, sur le devant, d'élégantes boiseries en acajou.

## Presbyterian Assembly Buildings

Ce majestueux édifice de trois étages situé à l'intersection de Fisherwick Place, Great Victoria Street, Howard Street et Grosvenor Street est le siège de l'Église presbytérienne irlandaise. Il fut inauguré en 1905 par le duc d'Argyll et présente une architecture gothique inspirée du style baronnial écossais. Son clocher, construit sur le modèle de celui de la cathédrale Saint-Gilles d'Édimbourg, abrite le seul carillon de douze cloches de Belfast. Au cœur du bâtiment se trouve l'*Assembly Hall*, l'un des plus beaux de la ville. Cette grande salle en hémicycle, dont l'accès se trouve au premier étage, peut accueillir 1.300 personnes. Elle est célèbre pour ses deux rangées de galeries et sa superbe verrière oblongue aux décors Art nouveau.

*Ci-dessus: la Royal Belfast Academical Institution, ou "Inst.".*

## Royal Belfast Academical Institution

L'Institution Académique Royale de Belfast, dont on abrège le nom en "Inst.", occupe 3,2 hectares au centre de la ville. Son architecte, John Soane – auteur du nouveau siège de la Banque d'Angleterre en 1788 – en dessina les plans en 1809. L'école, dont la première pierre avait été posée en juillet 1810, ouvrit ses portes en février 1814 et eut de nombreux élèves célèbres. Parmi ceux-ci, Thomas Andrews, architecte en chef du *Titanic* et neveu de Lord William Pirrie, propriétaire des chantiers navals Harland & Wolff. Andrews, qui participait au voyage inaugural du transatlantique, fut au nombre des victimes du naufrage en 1912.

# Pubs et Bars
### en centre ville

### The Garrick Bar
#### 29 Chichester Street

*Ici on vend vins et spiritueux depuis 1870. Restauré intelligemment ces dernières années, il vous accueille chaleureusement avec son éclairage au gaz. À l'intérieur, vous apprécierez ses hauts plafonds, ses boiseries et ses carrelages exquis. Son ambiance décontractée et son emplacement en font un lieu très fréquenté.*

### Robinson's
#### 38 Great Victoria Street

*Grand débit de boissons parmi les plus réputés de Belfast, le Robinson's occupe un gros bâtiment victorien où il propose cinq bars différents. Les traditionalistes apprécieront les miroirs et l'acajou du Saloon Bar ou le cadre vieillot du Fibber Magee's. Pour une expérience plus contemporaine, on choisira le BT1, The Bistro ou bien le Roxy.*

### Bittles Bar
#### 70 Upper Church Lane

*Petit mais confortable, il est coincé à la pointe d'un bâtiment victorien triangulaire. C'est un lieu très fréquenté par une clientèle de tout âge. On y sert la cuisine classique des pubs de Belfast.*

# Le shopping à Belfast
### Centre ville

### Victoria Square

1 Victoria Square

Ce shopping centre est le plus grand, le plus beau, le plus neuf d'Irlande du Nord: un "must". Sur quatre étages se succèdent magasins superbes, endroits accueillants où boire et manger, un cinéma Odéon de huit salles et un grand magasin de l'enseigne House of Fraser. Couronnant le tout, le formidable dôme de verre avec galerie panoramique vous offre 360° d'émerveillement sur Belfast.

### Castlecourt
Royal Avenue

Si ce que vous cherchez c'est le meilleur de la mode, de la décoration intérieure, de la cosmétique, de la chaussure et de la bijouterie, des jouets ou autres cadeaux, alors rendez vous au Castlecourt Shopping Centre. Un royaume du shopping où la clientèle est aux petits soins: guichet d'accueil, espace jeux sécurisé et prêt gratuit de poussettes. Les emplettes sans le stress.

Howard Street
Upper Queen Street
Wellington Street

### Howard Street
### Upper Queen Street
### Wellington Street

Ce quartier est littéralement bondé de magasins irrésistibles offrant de tout: des créations de designers de mode et de bijouterie aux articles tendance pour la maison, en passant par les épiceries fines. À visiter absolument si vous voulez découvrir le "top" du shopping à Belfast dans une atmosphère conviviale.

### Queen's Arcade
Donegall Place

En vous promenant dans cette belle galerie marchande des années 1880 vous découvrirez des magasins indépendants aussi nombreux que fascinants et les plus prestigieuses bijouteries de Belfast. Le passage couvert débouche sur Fountain Street où se trouvent des coffee shops réputés, des magasins de cadeaux, une librairie et des boutiques d'artisanat local.

## First Presbyterian Church

Située sur Rosemary Street, juste à l'écart de l'animation de l'artère commerçante de Royal Avenue, cette église presbytérienne est le plus vieux lieu de culte du centre historique de Belfast. Dessinée par Roger Mulholland, elle fut construite entre 1781 et 1783. John Wesley, fondateur du mouvement méthodiste, y prêcha en 1789 et écrivit dans son journal que ce temple de toute beauté était le lieu de culte le plus complet qu'il eût jamais vu. Célèbre pour sa forme insolite, l'intérieur ovale possède des boiseries aux riches sculptures, de remarquables vitraux et des bancs à cloisons. Le monument aux morts de 1922 est l'œuvre du sculpteur Rosamund Praeger originaire du comté de Down. Une communauté très active fréquente toujours cette église qui a subi quatre attentats à la bombe dans les années 1970.

*Ci-dessous: la First Presbyterian Church, dans Rosemary Street.*

## Ulster Hall

Sur Bedford Street, derrière l'hôtel de ville, l'*Ulster Hall* offre spectacles et divertissements aux habitants de Belfast depuis 1862, date à laquelle la salle fut construite pour répondre aux besoins d'une ville qui attirait les plus grands artistes. Son orgue, qui aurait coûté la somme de 3.000 guinées, fut inauguré par Andrew Mulholland, ancien maire de Belfast, dont il prit le nom. Refait en 1903 puis restauré entre 1976 et 1978, le *Mulholland Grand Organ* est l'un des plus vieux et des plus beaux exemples d'orgues classiques de facture anglaise encore en service à l'heure actuelle.

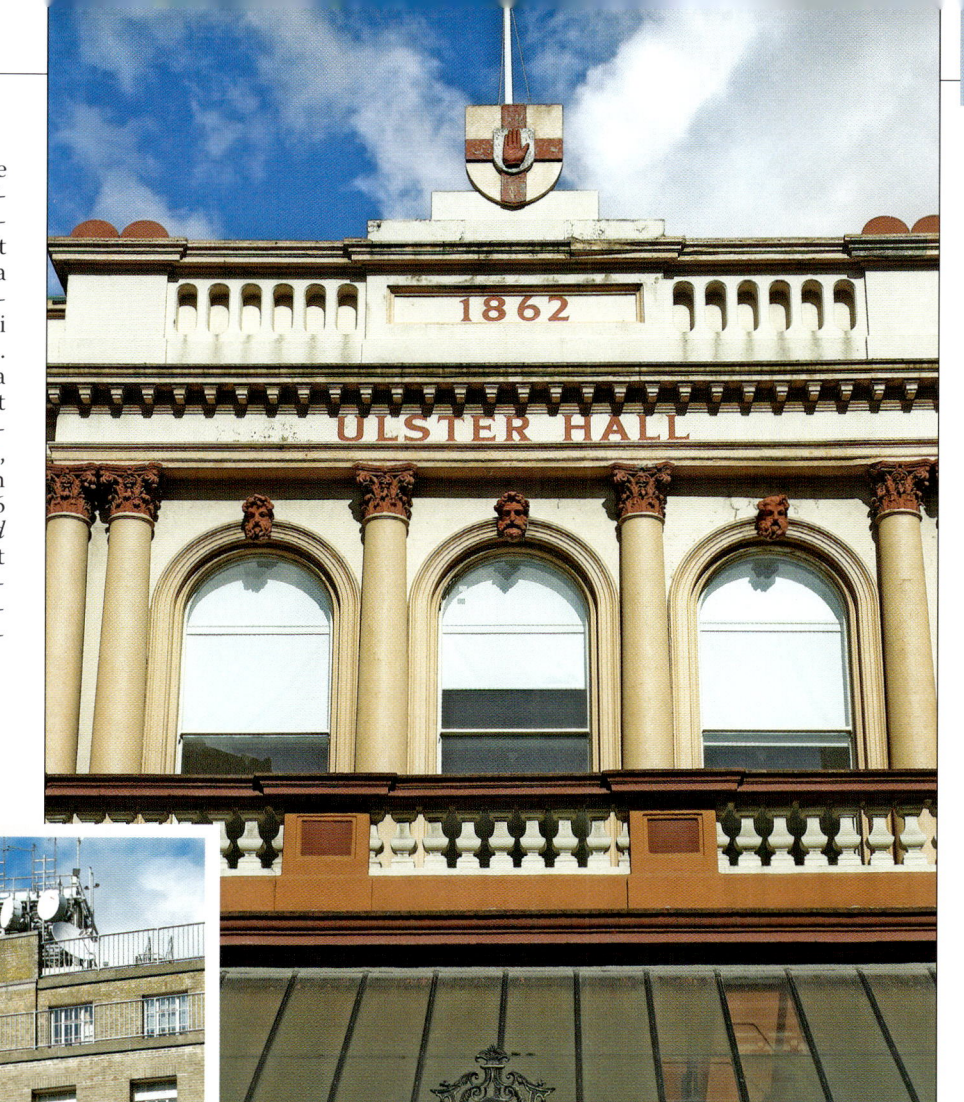

## BBC Broadcasting House

Ce grand bâtiment situé sur Ormeau Avenue est le siège de la BBC en Irlande du Nord. Il fut dessiné par James Millar de Glasgow en 1936 dans un style néo-géorgien austère et imposant qui est typique de cette partie de la ville.

La BBC commença d'émettre à Belfast en 1924 dans un entrepôt de lin désaffecté situé sur Linen Hall Street. En mai 1941, elle s'installa dans ses nouveaux locaux dotés d'une salle de concerts spacieuse et de plusieurs studios, tous destinés aux programmes radiophoniques. En Irlande du Nord les émissions télévisées débutèrent en 1953 et furent programmées pour permettre aux téléspectateurs de suivre le couronnement de la reine Élisabeth II.

*En haut : l'Ulster Hall.*
*À gauche : bâtiment de la BBC.*

# Cathedral Quarter

Le quartier de la cathédrale correspond à une partie de Belfast dont l'histoire remonte aux origines mêmes de la ville et il n'est pas rare que les engins de chantier ramènent à la lumière des traces du passé industriel qui fut le sien au XVIe et au XVIIe siècle. Ainsi y a-t-on découvert récemment des vestiges de fabriques de poteries, de tanneries, de tonnelleries et d'abattoirs. Un passé dont l'écho se retrouve aussi dans le bâti et le tracé des rues qui donnent tant de cachet au quartier.

Sur le plan architectural, celui-ci offre une riche éventail allant des pompeux immeubles des banques aux majestueux édifices publics en passant par les petits pubs traditionnels et les entrepôts reconvertis en restaurants chic. Si certains de ces bâtiments se dressent bien en vue, d'autres, plus discrets, ne demandent qu'à être découverts au gré des allées et des ruelles pavées.

Ces dernières années, le quartier de la cathédrale est devenu une référence du renouveau de Belfast dans les domaines des arts et de l'artisanat. De nombreux artistes et acteurs y ont élu domicile ainsi que des groupes communautaires et le festival annuel qui s'y tient, le *Cathedral Quarter Arts Festival*, remporte un franc succès international.

# St Anne's Cathedral

La cathédrale Sainte-Anne se dresse au cœur même du quartier auquel elle a donné son nom. Lorsque Belfast obtint son statut de ville, en 1888, il fut décidé de bâtir une nouvelle cathédrale à la place de l'ancienne église paroissiale fondée en 1776. Les plans en furent dessinés, dans le style hiberno-roman, par l'architecte irlandais Sir Thomas Drew et la première pierre posée en 1899. Compte tenu de la nature extrêmement humide du terrain, il fut nécessaire d'asseoir l'édifice sur des pilotis enfoncés à 15 mètres de profondeur. Les travaux allaient durer plus de quatre-vingts ans. Le baptistère date de 1928 et la chapelle du Saint-Esprit, de 1932. L'abside est et le déambulatoire furent commencés en 1955 et les transepts dix ans plus tard. Le transept nord fut achevé en 1981.

Les murs de la cathédrale sont bâtis en pierre du Somerset plaquée de grès de Dumfries. Sa charpente est en bois de séquoia australien et le plan-

*À droite et ci-dessous: vues du magnifique intérieur de la cathédrale Sainte-Anne.*

cher de la nef en érable canadien. Les sols des collatéraux sont revêtus de marbre irlandais. En marbre lui aussi, mais de deux couleurs, le pavement de l'entrée dessine un labyrinthe: le chemin noir, symbolisant le péché, ne mène nulle part tandis que le blanc conduit à l'intérieur du sanctuaire.

Dans la nef, les piliers sont sommés de chapiteaux représentant différents aspects de la vie et des activité humaines, comme la condition féminine ou la construction navale. À la voûte du baptistère, la Création est symbolisée par une mosaïque constituée de 150.000 tesselles représentant la terre, l'air, le feu et l'eau. Une chaire moderne remplace depuis 1959 la chaire gothique en bois offerte par l'abbaye de Westminster, jugée trop ornée et détruite par un incendie. La cathédrale n'abrite qu'un seul tombeau, celui de Lord Carson of Duncairn, enterré ici en 1935 en vertu d'une disposition du Parlement.

*À gauche: la cathédrale Sainte-Anne (intérieur).*
*Ci-dessous: détail de l'entrée principale de la cathédrale Sainte-Anne.*
*Ci-contre: la cathédrale Sainte-Anne et sa flèche ("Spire of Hope").*

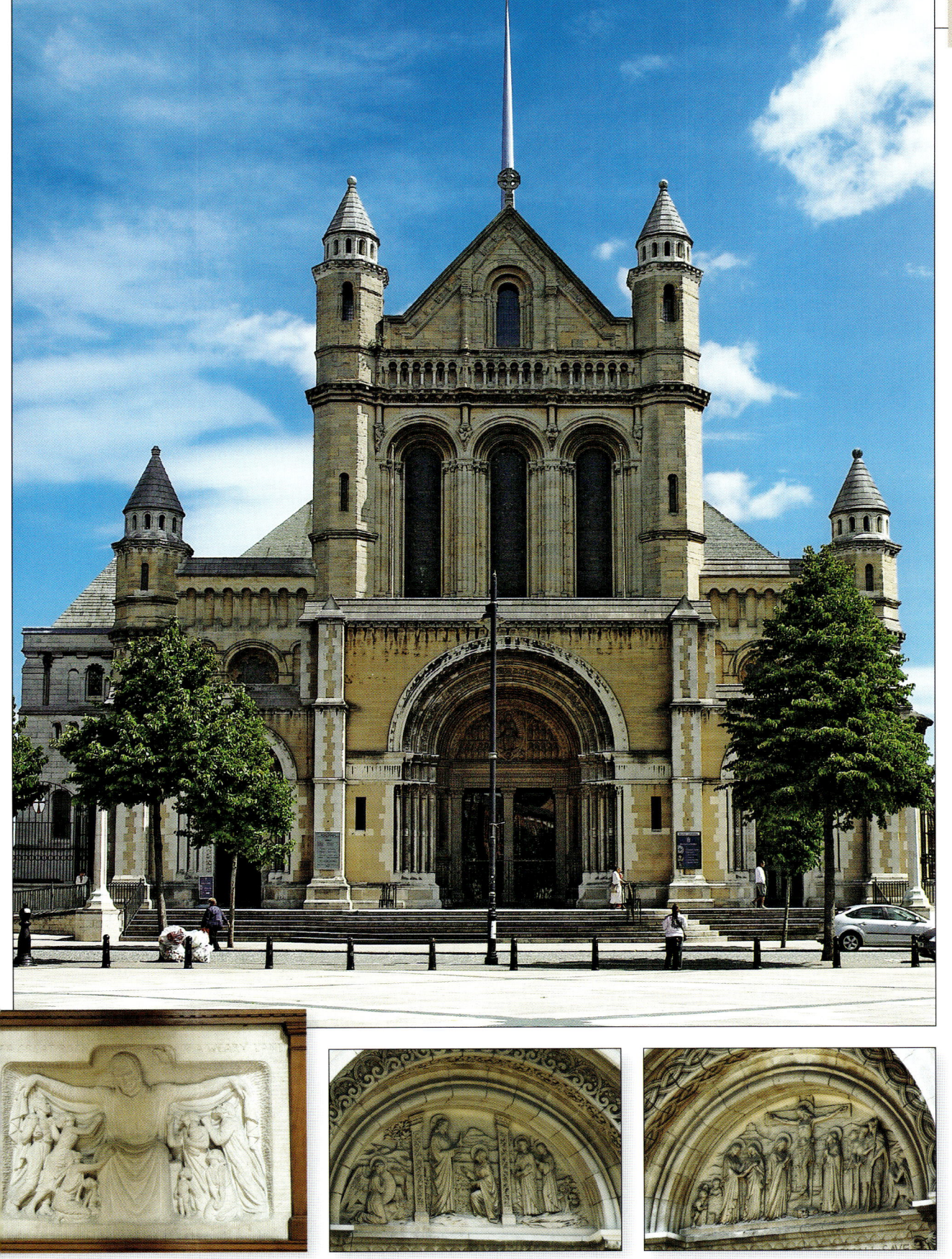

# Belfast

Une flèche en acier inoxydable a été installée sur la cathédrale en avril 2007. Cette flèche de l'espoir, "*Spire of Hope*", est illuminée la nuit et s'élève à une hauteur de 40 mètres. Elle repose sur une plateforme en verre qui traverse la toiture, juste au-dessus du chœur, de sorte que sa base est visible depuis la nef.

En face de la cathédrale, Writers' Square est un agréable jardin public qui rend hommage à la riche tradition littéraire de la ville. Au fil des allées, on y lit, gravées dans la pierre, des citations d'écrivains célèbres parlant de Belfast.

*En haut, à droite: Writers' Square.*

## Clifton Street Burying Ground

Le cimetière de Clifton Street fut ouvert en mars 1797 comme cimetière non-confessionnel sur les terrains de la Clifton House, sur North Queen Street, dans le haut de Donegall Street. Il fut créé par la *Belfast Charitable Society* dans le but de lever des fonds, grâce à la vente de concessions, et de fournir à la ville un cimetière supplémentaire face à l'augmentation de sa population. La partie la plus pitoyable, dans le haut du cimetière, en est le "*Strangers' Ground*" où, dans l'anonymat, furent ensevelies des milliers de victimes des épidémies (typhus, choléra, dysenterie, vérole) et de la famine qui frappèrent Belfast au milieu du XIX$^e$ siècle. Un mémorial tout simple en pierre s'y dresse aujourd'hui. Tout autour reposent quelques-uns des enfants les plus illustres de la ville. Les tombes de Heron (fondateur de l'Ulster Bank), Ritchie (constructeur naval), Dunville (fabricant de whiskey), Ewart (industriel du lin) et Drummond (médecin) s'alignent à côté de celles de Henry Joy McCracken (chef des Irlandais Unis) et de sa sœur, Mary Ann McCracken (assistante sociale, membre elle aussi de la Société des Irlandais Unis).

## Clifton Street Orange Hall

L'Ordre d'Orange, ou *Grand Orange Lodge*, est une société fraternelle protestante comptant des membres dans le monde entier. Dû à l'architecte William Batt, le Clifton Street Orange Hall (1883-1885) porte au sommet de sa façade l'une des œuvres les plus spectaculaires de Belfast: la statue équestre du roi Guillaume III d'Orange, en vainqueur de la bataille de la Boyne en 1690. Ce monument en bronze, haut de 3 mètres, fut exécuté par Harry Hems d'Exeter et inauguré en 1889.

*À gauche: le cimetière de Clifton Street.*

*L'église Saint-Patrick.*

## St Patrick's Church

L'église Saint-Patrick, sur Donegall Street, ouvrit ses portes le 12 août 1877. De style néo-roman, elle fut conçue par Timothy Hevey qui s'inspira de l'église Saint-Augustin-et-Saint-Jean de Dublin. Elle présente des arcs de grès rouge en appui sur des piliers de granite rose et gris de Dumfries. À l'intérieur, sa charpente est lambrissée de pitchpin. Une grosse cloche de bronze pesant 2 tonnes se trouve dans le clocher qui, avec la flèche et la croix, atteint une hauteur de 54,80 mètres. Dans la chapelle latérale, on peut admirer *"La Vierge des Lacs"*, triptyque représentant la Vierge, saint Patrick et sainte Brigitte. Cette œuvre du grand peintre irlandais Sir John Lavery fut offerte par l'artiste en souvenir de son baptême dans la première église Saint-Patrick. Pour le visage de la Vierge le peintre s'inspira des traits de son épouse, Lady Hazel Lavery.

# Belfast

## Belfast Harbour Office

Pendant plus de 150 ans, le bureau du port, sur Corporation Square, fut le quartier général des *Belfast Harbour Commissioners* à qui incombait la gestion du port. Inauguré en 1854, ce bâtiment possède une haute tour dont l'horloge réglait les allées et venues des bateaux de passagers. Il est somptueusement décoré, aussi bien à l'extérieur qu'à l'intérieur. Signalons en particulier les sols en marbre de l'accueil, au rez-de-chaussée, et ceux du salon, au premier, ainsi que les vitraux ayant pour thèmes l'industrie, le commerce et l'entreprise, et les armoiries des nombreux ports et villes avec lesquels Belfast entretenait des rapports commerciaux. Le *Belfast Harbour Office* reçut nombre de visiteurs illustres au cours de son existence parmi lesquels la reine Victoria (1849), le roi Georges VI et la reine Élisabeth (1945), la reine Élisabeth II et le duc d'Édimbourg (1961).

À droite: le bureau du port de Belfast.
Ci-dessous: les douanes.

## Sinclair Seamen's Presbyterian Church

Il s'agit de l'une des églises les plus singulières et attachantes de Belfast. Consacrée en 1857, elle fut bâtie à la mémoire de John Sinclair d'après des plans de Sir Charles Lanyon. D'une forme assez inhabituelle, en L, elle reprend le style vénitien dans sa tour carrée et son arcade en "Pont de Rialto". L'intérieur de cette église presbytérienne destinée au recueillement des marins arrivant au port de Belfast a pour thème la marine. La grande barre à roue en cuivre et le cabestan que l'on voit en son centre proviennent d'un navire qui sombra au large des côtes écossaises durant la Première Guerre mondiale. La cloche qui annonce l'office dominical du soir est celle d'un bateau de guerre, le *Hood*, et la quête s'y fait avec des plats en forme de canots de sauvetage.

## Custom House

La maison des douanes est un imposant bâtiment victorien de deux étages conçu par Sir Charles Lanyon dans un style italianisant. Terminé en 1857, ce bâtiment accueillit les services des douanes mais aussi les bureaux de la poste, du fisc, du timbre et de l'émigration. Il ne faut pas hésiter à faire le tour du bâtiment pour l'admirer; en particulier, son fronton du haut duquel *Britannia*, *Mercure* et *Neptune* semblent surveiller le port.

Ces statues sont l'œuvre d'un tailleur de pierre célèbre, Thomas Fitzpatrick. Le grand romancier Anthony Trollope (1815-1882) travailla plusieurs années à la poste centrale de Belfast. On lui attribue l'invention de la "pillar-box", la célèbre boîte à lettres rouge.

## Custom House Square

Ce square possède une longue histoire dans le domaine de l'expression publique. Tout au long du XIXe siècle et au début du XXe, ce fut le "Speakers' Corner" de Belfast, l'endroit où l'on s'attroupait pour écouter, applaudir ou siffler l'orateur du jour. Un passé qu'incarne aujourd'hui "The Speaker", la statue en bronze de grandeur naturelle placée en haut des marches. Quant aux trublions qui ne manquaient pas d'interpeller les orateurs, ils ont donné leur nom aux nouveaux lampadaires du parc que l'on appelle les "Hecklers". Le *McHugh's*, l'un des pubs les plus vieux de Belfast, se trouve en bordure de Custom House Square.

*En haut: jets d'eau sur Custom House Square.*
*Ci-dessous: les douanes et "Bigfish".*

# Pubs et Bars
### du quartier de la cathédrale

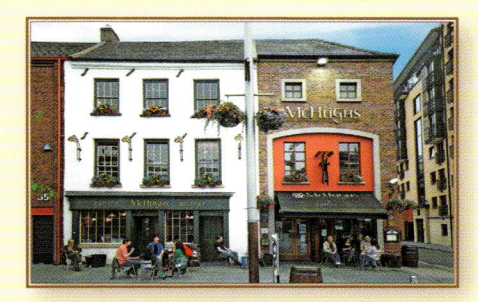

## McHugh's
### 29-31 Queen's Square

*Construit il y a de cela 300 ans, le McHugh's occupe un des bâtiments les plus anciens de Belfast. Il affiche fièrement ses briques artisanales et ses poutres de chêne du XVIIIe siècle. Ambiance chaleureuse, bonne cuisine et excellentes bières.*

## The John Hewitt Bar
### 51 Donegall Street

*Ainsi nommé en l'honneur du poète, originaire de Belfast, c'est le lieu idéal pour se retrouver, se faire des amis. On y sert les meilleures bières blondes de la ville. Régulièrement, soirées de musique live allant du jazz au blues, du folk au traditionnel. Ici la conversation est reine, pas de juke-box ni de musique en boîte pour vous déranger.*

## Kelly's Cellars
### 30 Bank Street

*Autrefois pub de campagne à la lisière de la ville, le Kelly's est le plus ancien établissement de Belfast à n'avoir jamais été fermé. De toute son histoire, il est resté un pub populaire, ouvert chaque jour, où les personnages de Belfast – artistes, écrivains, acteurs – se retrouvent pour écluser des pintes de Guinness et refaire le monde.*

Ci-dessus: vue nocturne de Custom House Square (dans l'encadré: "The Speaker").
Ci-dessous, à gauche: la tour de l'Albert Memorial Clock.
Ci-dessous, à droite: le barrage sur la Lagan.

## Albert Memorial Clock

Élevée à la mémoire du prince Albert, mari de la reine Victoria, décédé en 1861, la haute tour de l'horloge de Belfast est l'un des éléments les plus aimés de son patrimoine. D'autant que son léger affaissement, un défaut des fondations, permet aux habitants de Belfast d'avoir eux aussi leur "Tour penchée". Une tour qui fut le témoin de bien des événements historiques. On raconte, par exemple, qu'un vaillant jeune homme grimpa jusqu'à son sommet pour mieux voir le *Titanic* sortir des chantiers Harland & Wolff.

## Lagan Weir

La Lagan est l'un des atouts majeurs de Belfast mais, des années durant, elle fut livrée à la négligence et à la pollution. L'heure du renouveau sonna en 1994 lorsque la *Laganside Development Corporation* construisit un barrage, le *Lagan Weir*, afin de réguler le débit de la rivière, de la maintenir à un niveau constant et de protéger la ville des grandes marées. Ce barrage a contribué à faire revivre la rivière et insufflé un nouveau dynamisme à la ville. Des bateaux d'excursions emmènent aujourd'hui les visiteurs à la découverte de la Lagan et du port, en passant sous le pont inauguré par la reine Élisabeth II en 1967 (*Queen Elizabeth Bridge*) et sous celui qu'avait inauguré la reine Victoria en 1849 (*Queen's Bridge*).

## Œuvres d'art le long de la Lagan

On découvre des œuvres d'art spectaculaires en se promenant au bord de la Lagan, le long de ses quais et de ses chemins de hallage. Des œuvres de commande comme "*Bigfish*", le saumon de 10 mètres de long qui célèbre la revitalisation de la rivière. Il est dû à John Kindness, sculpteur originaire de Belfast, qui, en guise d'écailles, l'a recouvert de céramiques narrant l'histoire de Belfast. Ou bien, plus en amont, dans Thanksgiving Park, "*Harmony of Belfast*", grande sculpture métallique qui symbolise "l'espoir, l'aspiration et la spiritualité" sous la forme d'une jeune fille debout sur un globe.

*En haut:* "Bigfish".
*Ci-dessus:* "Harmony of Belfast".
*À gauche: vue de la Lagan.*

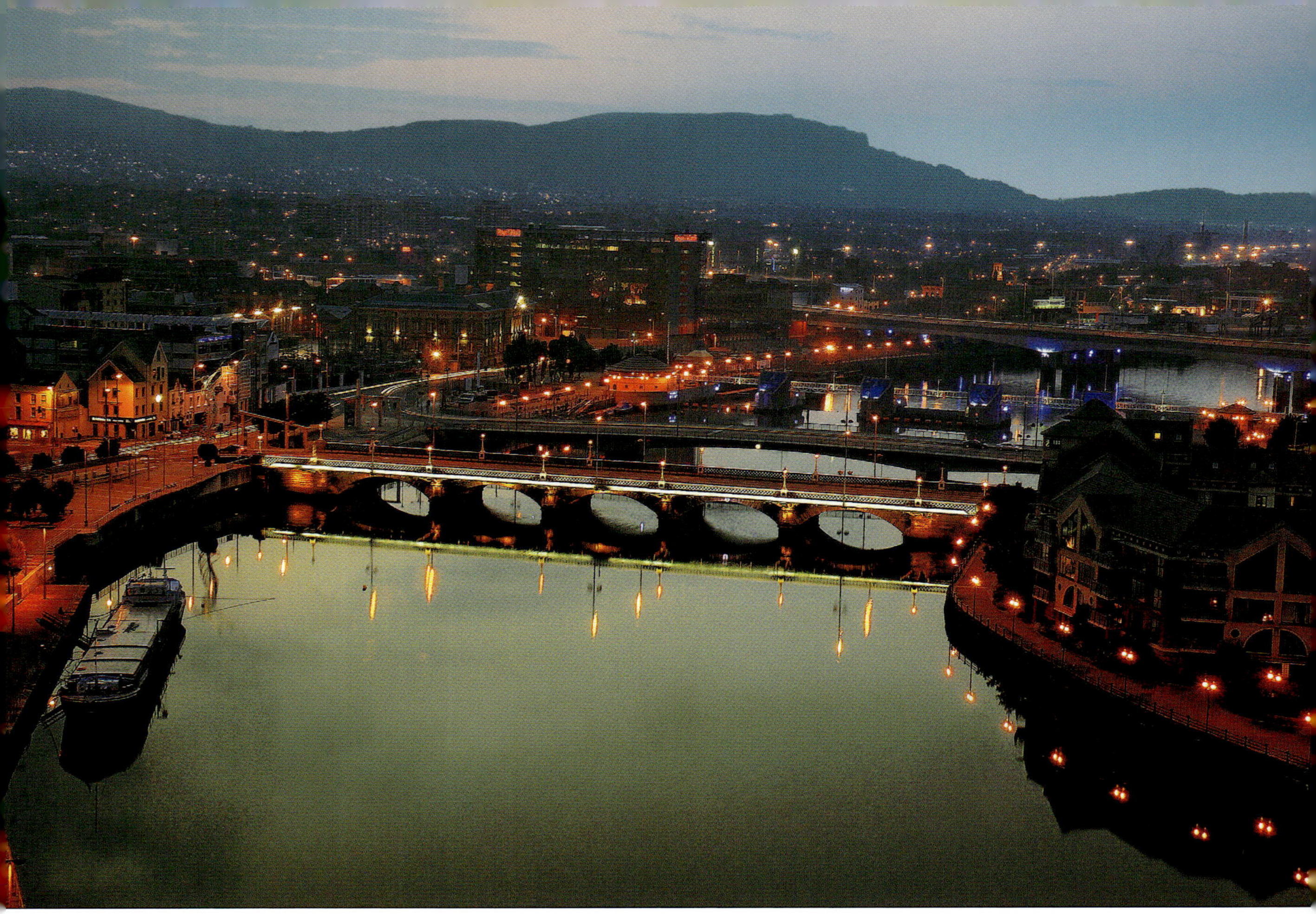

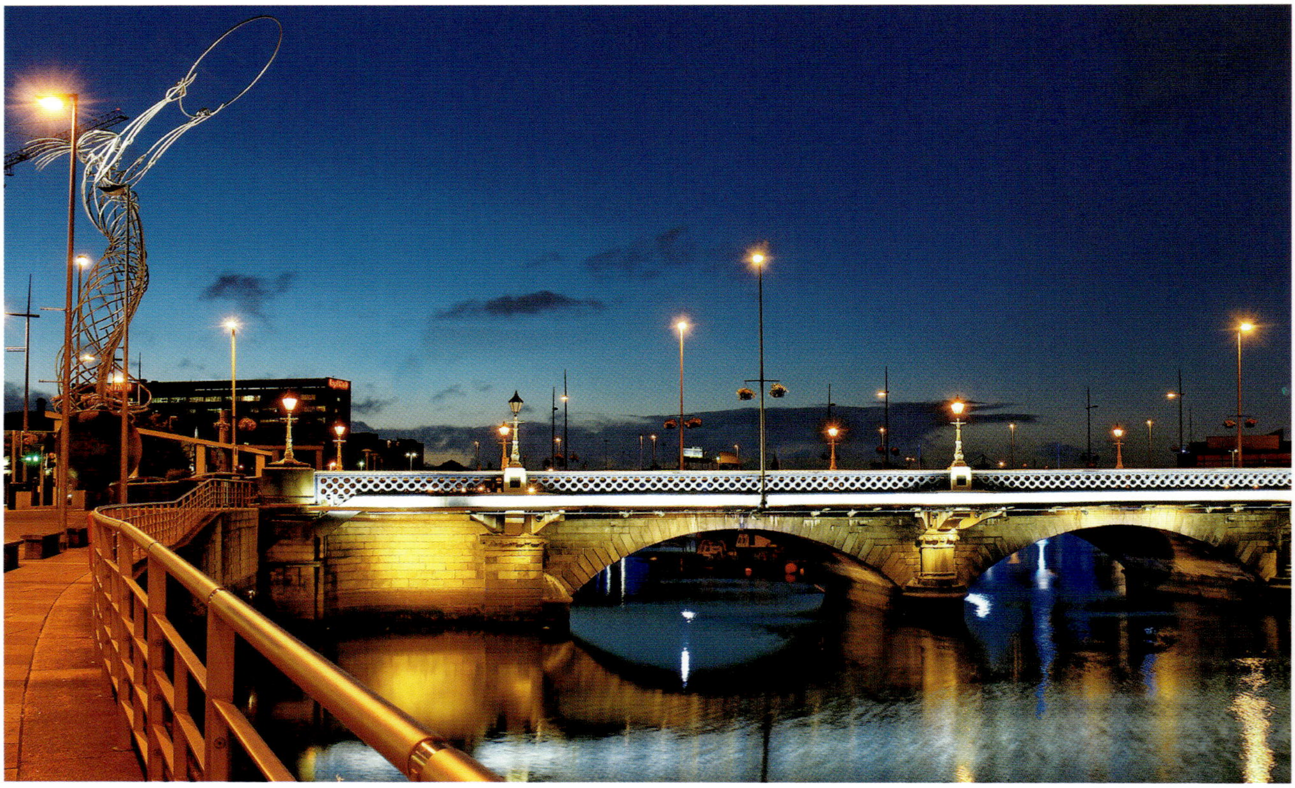

## News Letter Building

De nombreux édifices historiques furent détruits lorsque le centre ville fut lourdement bombé par trois raids aériens, en avril-mai 1941. Parmi ceux qui ont survécu, le *News Letter Building*, sur Donegall Street, date de 1872. D'un style néogothique caractéristique de la fin de la période victorienne, il possède une riche décoration associant décors floraux et profils d'hommes et de femmes de lettres. Ce fut à l'origine le siège du *News Letter*. Fondé en 1737, ce journal qui n'a jamais cessé de paraître est le plus vieux au monde. En 1776, ses éditeurs interceptèrent la Déclaration d'Indépendance américaine qui voyageait de Philadelphie à Londres et l'imprimèrent: les lecteurs du *News Letter* en prirent connaissance avant le roi et le Parlement!

*En haut, à gauche: vue nocturne de Belfast.*
*En haut, à droite: la Lagan de nuit.*
*À gauche: "Harmony of Belfast" et le Queen's Bridge.*
*Ci-dessous: le News Letter Building, ancien siège du journal, sur Donegall Street.*

## Merchant Hotel

Cet hôtel cinq étoiles est installé dans un superbe bâtiment victorien classé monument historique de première catégorie et qui, à l'origine, fut le siège de la Banque d'Ulster. Conçu dans le style italianisant de l'époque, il fut terminé en 1860 et somptueusement enrichi d'intérieurs classiques alliant dorures et sculptures, comme celles qui, à la base de l'immense dôme, représentent les Sciences, la Poésie, la Sculpture et la Musique. Il s'agit de l'un des bâtiments les plus célèbres et les plus aimés de Belfast.

*Belfast*

À droite:
le Clarendon N°1
Graving Dock.
Ci-dessous: le bassin
de radoub et son
écluse.

## Clarendon Dock

Berceau de son industrie navale, *Clarendon Dock* a joué un rôle essentiel dans la transformation de Belfast en grand port de commerce. Un premier bassin de radoub de 76 mètres de long (*Clarendon N°1 Graving Dock*) fut construit entre 1796 et 1800, puis un second en 1826 (*Clarendon N°2*). Autour de ces bassins, on construisit ensuite plusieurs bâtiments: au milieu, un corps de huit arcades, en grès; à l'est, un local moteur, en basalte, et, à l'ouest, un élégant logis de deux étages pour le directeur. Restaurés, ces bâtiments et les deux bassins sont aujourd'hui des témoins importants des débuts du port de Belfast. *Clarendon Dock* a fait récemment l'objet d'une reconversion de qualité en quartier résidentiel et immeubles de bureaux; ceci, dans le cadre du programme de réhabilitation des berges de la Lagan. Près des bassins, on peut admirer une sculpture en bronze de 8,30 mètres de haut intitulée "*Dividers*" (Compas).

# Queen's Quarter

Groupé autour de l'Université de Belfast, la Queen's University, et du *Lanyon Building*, ce quartier débordant de créativité artistique est également réputé pour ses distractions et sa vie nocturne. On y trouve aussi des magasins, des restaurants et des cafés plus fascinants les uns que les autres. Et puis, des bars parmi les plus tendance de la ville, des salles de spectacles et des pubs où l'on joue de la musique irlandaise traditionnelle.

La majeure partie du patrimoine architectural du Queen's Quarter date de la période victorienne. La brique et le grès, matériaux que l'on retrouve dans le *Lanyon Building*, sont allégés par le vert des arbres, nombreux ici, l'ensemble donnant au quartier un cachet très particulier.

Le Queen's Quarter offre tout au long de l'année un riche calendrier d'événements culturels dont le couronnement est le célèbre *Belfast Festival at Queen's* qui attire chaque automne le meilleur de l'art international et qui est le plus grand du genre en Irlande.

*Belfast*

# Lanyon Building

Ce bâtiment qui porte le nom de son architecte, Sir Charles Lanyon, est la pièce maîtresse du campus et l'un des plus beaux de la ville. Terminé en 1849, année de la seule visite à Belfast de la reine Victoria et du prince Albert, il accueillit le Queen's College qui, en 1908, devint la Queen's University.

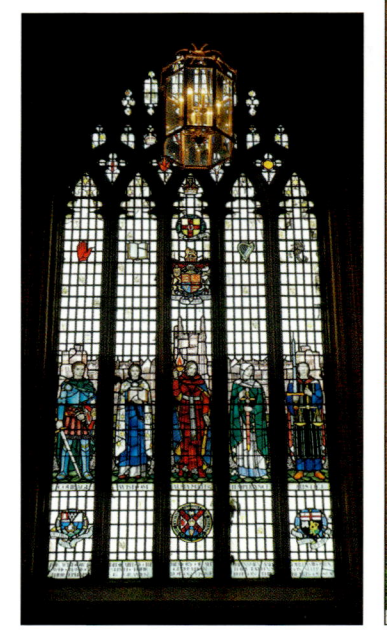

Charles Lanyon y reprit des éléments des styles gothique et Tudor des grandes universités anglaises du Moyen Âge comme on le voit dans la tour centrale, inspirée de la *Founder's Tower* du Magdalen College d'Oxford. L'entrée principale possède une grande baie de vitraux dessinée par J.E. Nuttgens et installée après la Deuxième Guerre. Les portes introduisent aux cloîtres et au quadrilatère central et, à l'étage, à la *Naughton Gallery* qui accueille la collection d'œuvres d'art de l'université ainsi que des expositions temporaires. La nouvelle *Council Chamber* et la *Canada Room*, comptant parmi les plus célèbres de ses salles de réception, se trouvent elles aussi au premier étage. L'accueil (*Queen's Welcome Centre*), près de l'entrée principale, fournit tous les renseignements concernant l'Université de Belfast et ce que l'on peut faire et voir en ville.

Le quadrilatère central est le résultat de plus d'un siècle de construction mais n'en présente pas moins une remarquable homogénéité. Seule une brève portion de l'aile ouest faisait partie du bâtiment originel. L'ancien bâtiment de Physique, avec sa tour et son arcade, fut dessiné par W.H. Lynn en 1911. Parmi les ajouts plus récents, signalons l'ancien bâtiment de Sciences Sociales, aujourd'hui Centre Peter Froggatt, inauguré en 1966, et le bâtiment de l'Administration, construit dans les années 1970.

*Ci-dessus: la superbe entrée du Lanyon Building (à droite) et un de ses vitraux (à gauche).*
*Ci-dessous: le Lanyon Building, Université de Queen's.*

*Ci-dessus: l'Union Theological College.*
*Ci-dessous: le cimetière de Friar's Bush.*

## Union Theological College

Fondé par l'Église presbytérienne dans le but de former ses ministres, l'établissement fut inauguré le 5 décembre 1853 sous le nom de *The Presbyterian College, Belfast*, ou *Assembly's College*. Il devint *The Union Theological College of the Presbyterian Church in Ireland* en 1978 lorsqu'il fusionna avec le Magee College de Derry.

Le corps central, dessiné par Sir Charles Lanyon, fut construit en pierre de Scrabo (au nord du comté de Down) pour la somme de 5.000 £. En 1869 on y ajouta l'aile sud, due à Young & McKenzie, puis, en 1881, l'aile nord et la chapelle, d'après des plans de John Lanyon, fils du premier.

De 1921 à 1932, le Collège fut le siège du Parlement nord-irlandais avant que celui-ci ne s'installe à Stormont. La Chambre basse siégeait dans la bibliothèque et le Sénat, dans la chapelle. En outre, de 1941 à 1948, le département des Finances occupa une grande partie des bâtiments suite au bombardement de ses locaux par l'aviation allemande.

## Friar's Bush Cemetery

Le cimetière de Friar's Bush est le plus vieux de Belfast. Il occupe un peu moins d'un hectare, à proximité de l'Ulster Museum, et est disposé autour d'une éminence. Selon certains, le site fut probablement utilisé à l'époque préchrétienne. Selon d'autres, il serait lié à saint Patrick (mort en l'an 490), théorie que viendrait confirmer la présence de deux curieuses pierres au sommet de l'éminence centrale. La première, dite "Pierre du moine" (*Friar's Stone*), porte la date 485. La seconde, est un pilier érodé qui pourrait avoir appartenu à une église ancienne. On sait que Friar's Bush fut jadis un lieu de culte fréquenté par la population catholique de Belfast, de la fin des années 1600 jusqu'en 1784.

Le cimetière fut utilisé comme fosse commune durant les épidémies de choléra de 1832 et 1833, puis à nouveau en 1847, pour les victimes du typhus. La butte gazonnée, près de l'entrée, est d'ailleurs encore appelée la "Colline du Fléau" (*Plaguey Hill*). Définitivement fermé en 1869, ce cimetière n'en demeure pas moins un site religieux important dont l'existence précède celle de la ville elle-même et un lieu vénéré dans la mémoire populaire et les traditions des habitants de Belfast.

## Elmwood Hall

Anciennement *Elmwood Presbyterian Church*, l'*Elmwood Hall* présente un mélange éclectique de styles architecturaux qui lui ont valu d'être décrite comme une église "très agréablement excentrique".
Elle fut bâtie entre 1859 et 1862 d'après les plans de John Corry, brillant architecte amateur qui fit preuve d'un talent artistique tout à fait inhabituel.

L'extérieur est influencé par les styles Renaissance, vénitien, médiéval, classique, mauresque et français, l'ensemble composant une version irlandaise très élaborée d'une église gothique d'Italie du Nord. Du grès rose de Scrabo fut utilisé pour le revêtement de l'église et du grès jaune pour le clocher à trois registres sommé d'une flèche.

*En haut à gauche: l'entrée du cimetière de Friar's Bush.*
*En haut à droite: l'Elmwood Hall.*
*À gauche: entrée de l'Elmwood Hall.*

# Botanic Gardens

Ce merveilleux jardin botanique, créé en 1828 par la *Belfast Botanic and Horticultural Society*, fut vendu à la Ville en 1895. C'est aujourd'hui le poumon vert du centre ville, un jardin public qui sert également de cadre tout au long de l'année à de nombreuses manifestations allant des concerts de musique classique ou pop, aux fêtes gastronomiques. Il renferme deux superbes serres anciennes, *Palm House* et *Tropical Ravine*, ainsi qu'un musée de renommée internationale, l'Ulster Museum.

## Les serres du jardin botanique

*Palm House*, la grande serre aux palmiers, dessinée par Sir Charles Lanyon, est l'un des plus vieux exemples existants d'architecture curviligne de fer et de verre dans le monde. La première pierre en fut posée le 22 juin 1839.
L'année suivante, ses deux ailes, mesurant chacune 23 mètres de long sur 6 mètres de large et autant de haut, étaient terminées (elles avaient coûté 1.400 £). L'ouvrage fut réalisé par Richard Turner, célèbre fondeur dublinois dont l'autre grande réalisation fut la gigantesque serre des Kew Gardens de Londres (1844-1848). La pose du dôme el-

*En haut: monument de Lord Kelvin au jardin botanique.*
*Au milieu: l'intérieur de la grande serre aux palmiers.*
*En bas: Palm House, la grande serre du jardin botanique.*

liptique de 14 mètres de haut, en 1852, paracheva le projet élégant et symétrique de Lanyon.

La grande serre doit aussi sa renommée aux remarquables collections de plantes qu'hébergent ses différents pavillons. L'aile tempérée offre toute l'année un spectacle de couleurs et de senteurs avec des variétés telles que géraniums, fuchsias, bégonias et bulbes. L'aile chauffée, véritable jungle en miniature, accueille nombre de plantes exotiques: oiseaux de paradis surprenants, frangipaniers au parfum enivrant et broméliés aux vives couleurs. Quant au dôme, il abrite de hauts arbres des climats tempérés et tropicaux.

L'autre serre, rectangulaire, dénommée *Tropical Ravine*, fut construite en 1889 par le jardinier en chef et son équipe. Unique en son genre, elle fut conçue de façon à ce qu'en empruntant une passerelle surélevée le public ait une vue plongeante sur un "ravin" débordant de plantes tropicales.

*En haut: l'Ulster Museum.*
*Ci-dessous: la belle structure de fer et de verre de la grande serre du jardin botanique.*

## Ulster Museum

Ce musée est l'endroit idéal pour tous ceux qui s'intéressent à l'art, à l'histoire, ancienne et moderne, et aux sciences naturelles. Ils pourront y admirer une collection riche et variée d'œuvres d'art (archéologie, beaux-arts et arts décoratifs), se familiariser avec l'histoire du nord de l'Irlande et de ses gens ainsi que d'autres cultures – on y présente le trésor du *Girona*, vaisseau de l'Invincible Armada qui sombra au large des côtes d'Atrim en 1588 – et y explorer la merveilleuse diversité de la nature.

## Sir Charles Lanyon (1813-1889)

On parle parfois de Belfast comme de "Lanyon City". Cela n'a rien d'étonnant lorsque l'on sait à quel point l'influence de Sir Charles Lanyon marqua l'architecture de la ville. Né à Eastbourne, dans le sud de l'Angleterre, Charles Lanyon s'installa à Dublin dans les années 1830 où il travailla comme ingénieur civil pour l'administration irlandaise des Travaux Publics. Dans le même domaine, il accepta également un poste dans le comté d'Antrim où il fut chargé de la construction de la route côtière entre Larne et Portrush ainsi que de la ligne ferroviaire Belfast-Ballymena. On lui attribue également la construction de la ligne Belfast-Bangor, dans le comté de Down, et les ponts de Queen's Bridge et Ormeau Bridge à Belfast.

C'est néanmoins en architecture que Sir Charles Lanyon gagna sa notoriété. À partir des années 1840 il dessina et construisit en effet de nombreux bâtiments à Belfast, dont le *Queen's College* (aujourd'hui *Lanyon Building*, Queen's University), le tribunal et la prison de Crumlin Road, l'*Union Theological College* de Botanic Avenue et la grande serre du jardin botanique. Il en réalisa également d'autres en collaboration avec William Henry Lynn, comme les douanes, la bibliothèque de Royal Avenue et le château de Cave Hill.

Devenu maire de Belfast en 1862 et député de la circonscription en 1866, Sir Charles Lanyon reçut son titre en 1868 et mourut en 1889. Il est enterré à Belfast dans le cimetière de l'église de Newtownbreda.

# Methodist College

Le Collège méthodiste de Belfast, ou tout simplement le "*Methody*", est l'un des lycées les plus cotés d'Irlande du Nord. Fondé en 1865, à une époque où les méthodistes n'étaient que 23.000 sur une population de 6 millions d'Irlandais, l'établissement destiné à la formation des ministres méthodistes était doublé d'une école de garçons. Il ouvrit ses portes le 18 août 1868 avec 141 élèves. Ayant été sollicité pour dispenser la même éducation aux jeunes filles, le Comité directeur accepta et, dès le deuxième trimestre, ce devint un établissement d'enseignement mixte.
Il se compose aujourd'hui d'un beau groupe de bâtiments en brique rouge rehaussée d'éléments en pierre de taille de Glasgow, le tout sur un soubassement en grès de Scrabo.

*À droite: l'entrée du Collège méthodiste.*
*Ci-dessous: le Methodist College Belfast, ou "Methody".*

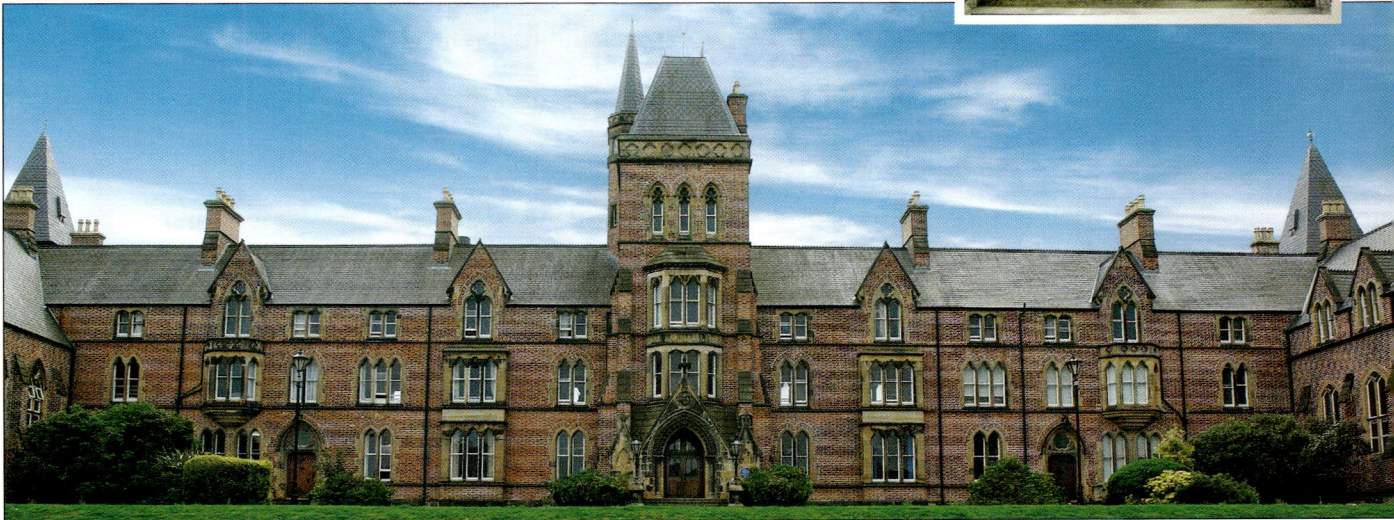

## Le shopping à Belfast

### Queen's Quarter

Le quartier de Queen's offre une gamme de commerces pour tous les goûts, des grands magasins aux boutiques exclusives. Lisburn Road, Ormeau Road, Stranmillis Road et Botanic Avenue sont un véritable paradis pour les adeptes du shopping qui, pour un cadeau par exemple, peuvent y trouver absolument de tout: des objets d'artisanat créatif aux articles pour la maison, des livres aux vêtements et aux chaussures de petites maisons de mode, en passant par les antiquités. Sans compter les épiceries fines, les maroquineries et les magasins spécialisés dans le design d'intérieur. Nombre des commerces du Queen's Quarter sont tenus par leur propriétaire et sont donc à même d'offrir à leur clientèle une touche singulière qu'il est difficile de trouver dans les points de vente impersonnels des grandes marques internationales. L'expérience du shopping dans ce quartier n'en est que plus conviviale.

# Titanic Quarter

Ce quartier est le fruit de l'un des plus fascinants et prestigieux programmes de réhabilitation portuaire d'Europe, un projet de plusieurs millions de livres centré sur la haute technologie, le résidentiel et les loisirs. Pourtant, à l'origine, il n'y eut ici d'autre activité que la construction navale. Le ciel du Titanic Quarter est d'ailleurs toujours dominé par les deux énormes grues à portique des chantiers Harland & Wolff, "*Goliath* et *Samson*", symboles du génie industriel qui donna naissance à des vaisseaux parmi les plus majestueux qui aient jamais sillonné les mers.

Le nom que l'on associe aux chantiers Harland & Wolff est inévitablement celui du *Titanic*, l'infortuné paquebot construit pour le compte de la White Star Line, le plus grand de son temps avant qu'il ne sombre si tragiquement en 1912. Le quartier qui garde dans son nom le souvenir du gigantesque transatlantique permet aux visiteurs d'en apprendre beaucoup sur le *Titanic* et sur les hommes qui le construisirent.

*Ci-dessus: une des immenses grues à portique des chantiers Harland & Wolff.*
*Ci-dessous: le bassin Thompson Graving Dock.*

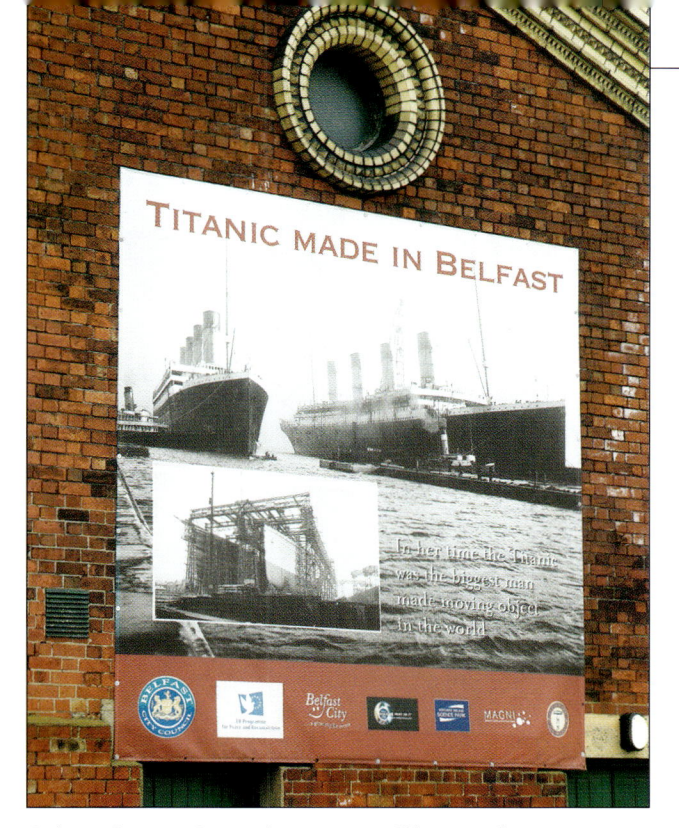

*Ci-dessus: le Titanic Quarter, hommage au célèbre paquebot.
En bas: bâtiments de la société Harland & Wolff, Titanic Quarter.*

## Les chantiers navals Harland & Wolff

En s'associant, Edward Harland et Gustav Wolff posèrent les bases de ce qui devait devenir les plus grands chantiers navals du monde, *The Harland & Wolff Shipyard*. Le premier chantier de construction métallique avait été ouvert en 1853 par Robert Hickson qui, en décembre 1854, en confia la direction à Edward Harland. Ayant racheté l'affaire en 1858, ce dernier créa la société Edward James Harland & Co. puis, en 1861, s'associa avec Gustav Wilhem Wolff, son assistant.

En 1862, William James Pirrie, qui n'avait que quinze ans, intégra la société en qualité d'apprenti. Excellent dessinateur, il fut pris comme associé en 1874. Lorsque Harland mourut, en 1894, Pirrie assuma la direction de la société dont il fut président jusqu'à sa mort en 1924. Sous sa houlette, la société Harland & Wolff connut un essor fulgurent. En 1854, les chantiers employaient cent hommes, en 1897, ils étaient dix mille.

En 1870 les chantiers Harland & Wolff construisirent l'*Oceanic*, premier des quelque 70 navires que leur commanda la compagnie maritime White Stripe Line, les plus célèbres étant la triade de la "Classe olympique", l'*Olympic*, le *Titanic* et le *Britannic*. Conçus par James Pirrie et Bruce Ismay, président de la White Star, ces paquebots furent dessinés et construits entre 1908 et 1914. Pour les besoins de tels chantiers, la société Harland & Wolff dut faire construire deux cales sèches plus grandes et un gigantesque portique, le portique Arrol, haut de 69 mètres, qui marqua le paysage de Belfast pendant près de soixante-dix ans.

En 1918 la société inaugura son chantier est, *East Yard*, spécialisé dans la construction en série de bateaux sur plans standard. Le personnel passa à 22.000 salariés. Ce chantier joua un rôle vital auprès des Alliés pendant la Deuxième Guerre: il construisit 6 porte-avions, 2 croiseurs et 131 autres bâtiments et en répara plus de 22.000. On y fabriquait aussi des chars et des pièces d'artillerie. À cette période, la société employa jusqu'à 35.000 personnes. Dans les années 1950, le développement du transport aérien fit chuter la demande de bateaux de passagers. Le dernier paquebot à sortir des célèbres chantiers fut le *Canberra*, en 1960.

De nos jours, la société Harland & Wolff a recentré ses activités sur le management de projet et s'est spécialisée dans l'ingénierie de la conception et des structures, la réparation navale et la construction off-shore.

## Thompson Graving Dock

Lorsque le *Thompson Graving Dock* fut inauguré, en 1911, c'était le plus grand bassin de radoub au monde, le seul à permettre la construction de navires tels que l'*Olympic*, le *Titanic* et le *Britannic*, lesquels étaient dotés de tout ce qui était nécessaire à la navigation et au fonctionnement des grands paquebots, gigantesques hôtels flottants. Près du bassin, la *Thompson Pump House* abritait trois pompes de 1.000 chevaux qui permettaient de vider les quelque 105 millions de litres d'eau du bassin en seulement 100 minutes.

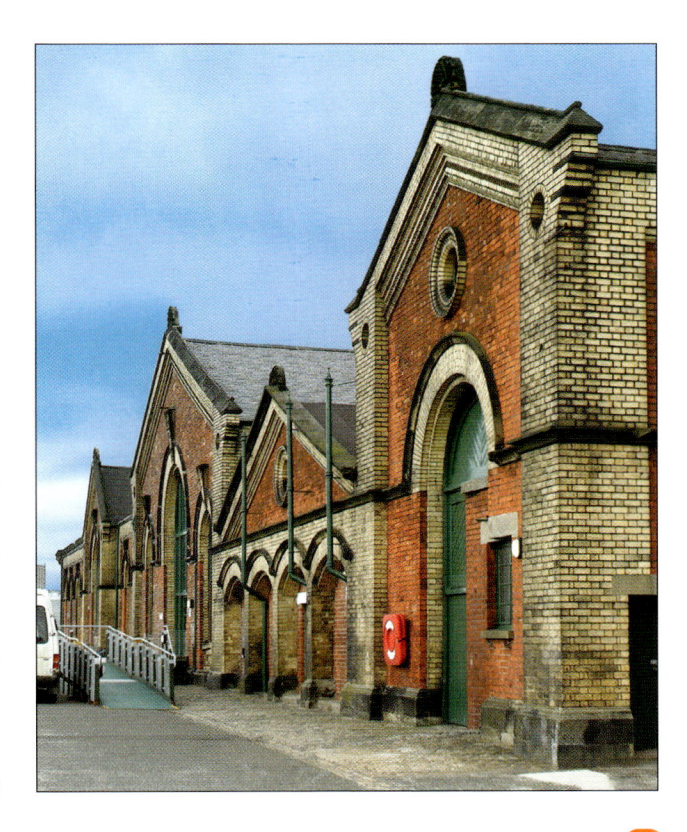

*Belfast*

## Drawing Offices

Les bureaux d'étude des chantiers Harland & Wolff, ceux d'où sortirent les plans de l'*Olympic*, du *Titanic* et du *Britannic*, se trouvent dans deux bâtiments situés derrière la Direction. Agrémentés d'une belle décoration et dotés de hauts plafonds voûtés et de larges baies vitrées permettant leur éclairage naturel, ces bureaux comptent parmi les parties les plus anciennes des bâtiments de la société Harland & Wolff dans Titanic Quarter.

## "Goliath et Samson"

Ces deux gigantesques grues à portique jaunes des chantiers navals Harland & Wolff sur Queen's Island sont des points de repère dans le paysage de Belfast et des personnalités de son patrimoine industriel. La première, surnommée "*Goliath*", fut mise en service en 1969, et la seconde, "*Samson*", en 1974. Elles sont toutes deux classées monuments historiques quoiqu'elles servent encore de nos jours, en particulier, pour la réparation de certains bateaux.

## Cales de lancement de l'*Olympic* et du *Titanic*

C'est sur les *Slipways N°2 et 3* des chantiers Harland & Wolff que furent construits l'*Olympic* et le *Titanic*, paquebots commandés par la White Star Line.
En 1910, cette partie du port était une fourmilière grouillante d'activité qui résonnait jusqu'à l'assourdissement du vacarme des marteaux sur les tôles d'acier et du ronflement des moteurs à vapeur d'énormes grues.

*Ci-dessus: la Thompson Pump House.*
*Ci-dessous: "Samson et Goliath", les deux grues à portique, au couchant.*

L'immense portique, construit par Sir William Arrol & Co. de Glasgow, formait autour des navires en construction un gigantesque cocon métallique. Cette structure, qui mesurait 256 mètres de long, 82 mètres de large et 69 mètres de haut, pour un poids de 5.994 tonnes, resta en service jusque dans les années 1960.

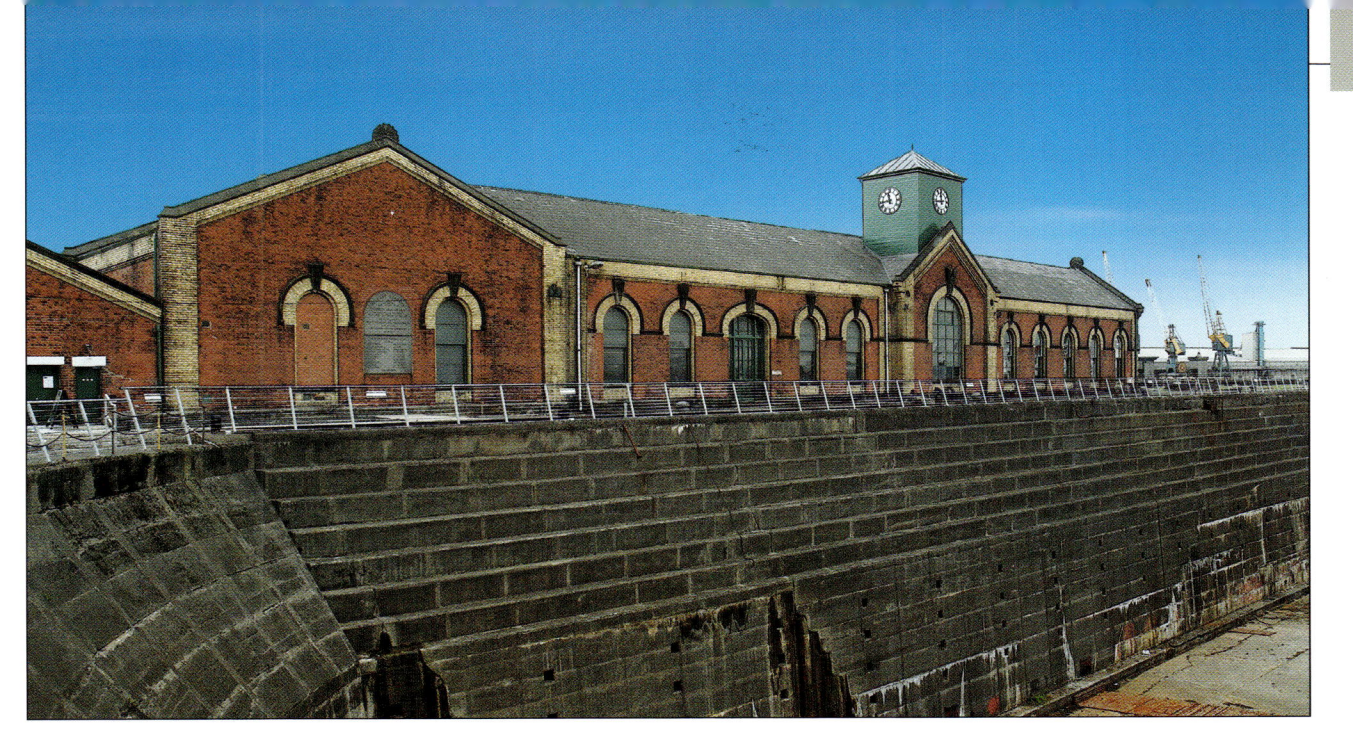

*Ci-dessus:* le Thompson Graving Dock et la Thompson Pump House, Titanic Quarter.
*Ci-dessous:* HMS Caroline.

## HMS *Caroline*

Le bassin de radoub dénommé *Alexandra Graving Dock* abrite un remarquable témoin de l'histoire de la marine, le *Caroline*. Ce croiseur léger de la Première Guerre mondiale est le deuxième plus vieux bâtiment en service de la Royal Navy, après le *Victory*. Il est actuellement affecté à l'Ulster Division de la réserve de la Marine britannique dont il est le quartier général. Lancé en septembre 1914, le *HMS Caroline*, prêta service en mer du Nord pendant toute la Première Guerre. En mai 1916, il participa à la bataille du Jutland, le plus grand combat naval de surface de l'ère des navires en métal et la seule grande action de la Flotte pendant ce conflit. Il en serait le seul survivant à l'heure actuelle. L'avenir du *Caroline*, désormais classé au registre national des navires de guerre historiques et protégé, devrait être de servir de témoin auprès des générations futures.

## Cale de lancement du *Titanic*

Le 31 mai 1911, le *SS 401 Titanic*, glissait sur sa cale de lancement (*Slipway N°3*) aux chantiers navals Harland & Wolff de Queen's Island et avançait majestueusement sur les eaux du Victoria Channel dans la baie de Belfast. Un temps, ce devait être le plus grand et le plus luxueux vaisseau construit par l'homme.

Thomas Andrews, architecte en chef et directeur des chantiers navals Harland & Wolff, en avait personnellement suivi les plans et la construction. Les essais ayant été un succès, le *Titanic* sortit du port de Belfast et mit le cap sur Southampton où il arriva le 4 avril 1912 juste après minuit. De là, il entama sa première traversée de l'Atlantique à destination de New York. Le dimanche 14 avril, à 23h40, alors qu'il naviguait à une vitesse proche des 22 nœuds, le *Titanic* heurta un iceberg. À 0h25, réalisant que le navire était perdu, le capitaine Smith donna l'ordre de commencer à évacuer les passagers. À 2h19, le *Titanic* se brisa en deux et, à 2h20, il commença à s'enfoncer dans les profondeurs de l'océan. La tragédie, qui coûta la vie à 1.522 personnes, est commémorée par un monument dans les jardins de l'hôtel de ville, une œuvre poignante due à Sir Thomas Brock.

# Autres quartiers de Belfast

## North Belfast

À compter du milieu XX$^e$ siècle, le nord de Belfast et Atrim Road devinrent la zone résidentielle la plus recherchée de la ville, celle où banquiers, armateurs et riches négociants avaient leurs demeures, certaines possédant une tourelle avec vue sur le port d'où l'on pouvait surveiller l'arrivée et le départ des navires. Un statut de quartier riche que vint réaffirmer la construction du château en 1870.

### Belfast Castle
Ce grand manoir de style baronnial écossais commande la vue du Belfast Lough et de toute la ville du haut du site qu'il occupe sur les pentes de Cave Hill. Il fut construit par Lanyon, Lynn & Lanyon, le célèbre cabinet d'architectes de Belfast, à la demande du troisième marquis de Donegall. Achevé en 1870, le château fut donné à la Ville en 1934. Il est ouvert au public et sert souvent de cadre à des mariages et autres réunions.

### Belfast Zoo et Cave Hill
Le zoo de Belfast héberge plus de 160 espèces d'animaux sauvages. Ses espaces aménagés, certains primés, recréent nombre d'habitats naturels et son activité dans le domaine de l'élevage, d'espèces en voie de disparition en particulier, lui valent une renommée internationale. Il s'étend pratiquement jusqu'au sommet de Cave Hill sur des terrains chargés d'une histoire vieille de 3.000 ans. On y trouve en effet un cairn de l'âge du fer, des fortifications néolithiques et même des grottes qui auraient servi de repaires aux bandits des grands chemins.

*Ci-dessus: le zoo de Belfast et Cave Hill.*
*Ci-dessous: le tribunal sur Crumlin Road.*

Du sommet de la colline, on a une vue panoramique époustouflante sur tout le comté de Down.

### Crumlin Road Gaol
Cette imposant bâtiment dû à Sir Charles Lanyon fut achevé en 1648. Classé monument historique, c'est un superbe exemple d'architecture et d'organisation pénitentiaires de l'époque victorienne avec ses quatre ailes disposées autour d'un édifice central, le "*Circle*". Ce fut la première prison d'Irlande conçue pour répondre au système de l'"emprisonnement solitaire" qui prévoyait la détention en cellules individuelles et l'impossibilité pour les détenus de se parler et de se rencontrer. Au cours de ses 150 années de service, 17 prisonniers y furent exécutés et enterrés.

Le tribunal, *County Courthouse*, terminé en 1850, toujours d'après des plans de Charles Lanyon, est situé juste en face de la prison à laquelle il est relié par un passage souterrain.

## Shankill

En dépit de son homonymie avec Shankill Road, rue qui a été au cœur d'événements tragiques de l'actualité récente, Shankill est un site très ancien. Ses premiers habitants vivaient dans des villages protégés par une enceinte circulaire en terre que l'on désigne sous le nom de *rath*. Sept de ces forts circulaires, datés du III$^e$ siècle de notre ère, ont été découverts à Shankill.

## Shankill Graveyard

Le cimetière de Shankill est l'un des sites archéologiques les plus intéressants de Belfast. À en croire la tradition, une église aurait été fondée au V$^e$ siècle par saint Patrick à cet endroit. De nombreux habitants de Belfast, riches et pauvres, y trouvèrent leur dernier repos, comme Alexander Craig, capitaine du port décédé en 1861, dont on lit sur la pierre tombale :
*Il brava 79 ans durant la bataille et la mer*
*Et gît maintenant une brasse sous terre.*

## St Matthew's Parish Church

L'originalité de l'église paroissiale Saint-Matthieu, bâtie sur le modèle des anciennes églises orthodoxes de Grèce et d'Asie Mineure, la distingue nettement des autres lieux de culte de l'époque victorienne. De la douce courbure de ses plafonds aux jolis motifs de brique de ses extérieurs, St Matthew's est une remarquable création.

# East Belfast

Au XIX$^e$ siècle, l'est de la ville devint un pôle industriel florissant avec ses chantiers navals, ses filatures de lin et ses corderies où étaient employés des milliers d'ouvriers. Au plus fort de leur activité, les corderies *Belfast Ropeworks Limited* furent la plus grosse fabrique de cordages et de ficelles du monde. Pendant la Deuxième Guerre cette usine couvrit à elle seule un tiers des besoins des Alliés. Elle ferma ses portes en 1983. Tout aussi prospères, les chantiers navals Harland & Wolff mirent à l'eau 2.000 navires au cours de leur existence.

*Ci-dessus : C. S. Lewis.*
*Ci-dessous : le Parlement à Stormont.*

## C. S. Lewis

Enfant parmi les plus célèbres de Belfast dans le domaine de la littérature, C. S. Lewis (1898-1963) est surtout connu pour avoir écrit *Le Monde de Narnia*. Il est aussi l'auteur de nombreux ouvrages d'apologétique du christianisme, de critique littéraire et d'études de la littérature médiévale. Sa ville natale lui a rendu hommage avec un grand groupe sculpté appelé "*The Searcher*". Inaugurée en 1998 à Holywood Arches, cette œuvre est signée Ross Wilson.

## Parliament Buildings, Stormont Estate

Le Parlement de Stormont est l'une des réalisations architecturales majeures d'Irlande. Élégant et majestueux, il est précédé d'une longue avenue solennelle et campé en hauteur au sein d'un magnifique domaine paysager, *Stormont Estate*. Spécialement bâti pour accueillir le gouvernement d'Irlande du Nord qui s'était constitué suite à la partition de 1920, il fut officiellement inauguré le 16 novembre 1932. Le Parlement y siégea quarante ans, jusqu'en 1972, date à laquelle, compte tenu de la situation politique, l'Irlande du Nord passa sous l'administration directe du Parlement de Westminster. L'Assemblée de l'Irlande du Nord y tient séance depuis 1998.

## South Belfast

Au XVIIe siècle, le sud de la ville était une forêt de chênes et d'ormes, sauvage et peuplée de loups. En 1871, la municipalité inaugurait Ormeau Park. Premier jardin public de Belfast, c'est aujourd'hui encore une grande oasis de verdure qui a conservé son kiosque à musique victorien et l'un des plus vieux clubs de golf d'Irlande, l'*Ormeau Golf Club*.

L'église méthodiste de Ballynafeigh, sur Ormeau Road, est un exemple intéressant de lieu de prédication. Terminée en 1899, elle est d'une grande originalité à l'intérieur puisqu'il s'agit d'une adaptation d'un théâtre élisabéthain, avec son plafond ajouré et sa galerie haut perchée sur des colonnes de bois. Elle fut conçue de manière à ce que toute l'assistance, assise en cercle autour d'un pupitre central, puisse voir le prédicateur. Une disposition à laquelle était très favorable John Wesley, fondateur du mouvement méthodiste.

*Ci-dessus: le kiosque à musique dans Ormeau Park.*
*Ci-dessous: peintures murales de Falls Road, West Belfast.*

## Gaeltacht Quarter, West Belfast

L'ancienne église presbytérienne de Falls Road abrite le seul centre culturel et artistique irlandais de Belfast, le *Cultúrlann Mc Adam Ó Fiaich*, point de repère de la dynamique et grandissante communauté d'expression gaélique de la ville. Le Gaeltacht Quarter regroupe ainsi les communautés irlandaises de Falls Road dont la riche culture s'exprime par la langue, la musique et la danse. Ce patrimoine est mis en valeur par la programmation du *Féile an Phobail*, festival du peuple qui culmine au mois d'août.

Le nom de Falls Road vient de l'irlandais *Bóthar na bhFál* qui signifie "rue des Haies". C'était en effet à l'origine une simple route de campagne qui menait en ville. Au XIXe siècle, avec l'industrialisation et l'essor des filatures de lin, la population augmenta ra-

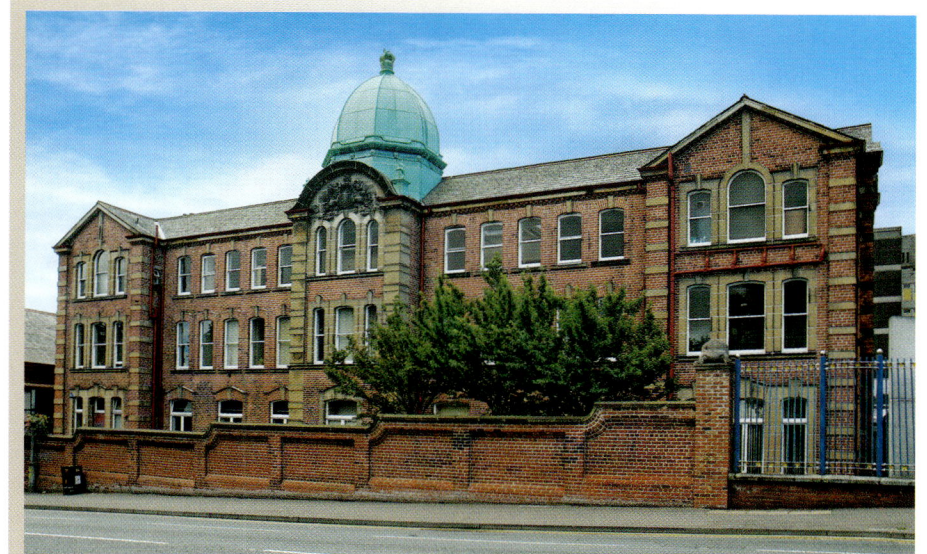

Autres quartiers de Belfast

## St Peter's Cathedral

Église mère du diocèse de Down et Connor, Saint-Pierre fut la première église catholique de Belfast de style néogothique. Bâtie sur un terrain donné par Barney Hughes, boulanger prospère et grand philanthrope, ses plans furent conçus par le frère Jeremiah Ryan McAuley. Elle fut inaugurée en 1866 et reçut son titre de cathédrale en 1986.

*Ci-dessus: l'hôpital Royal Victoria.*
*À droite: la cathédrale Saint-Pierre, West Belfast.*

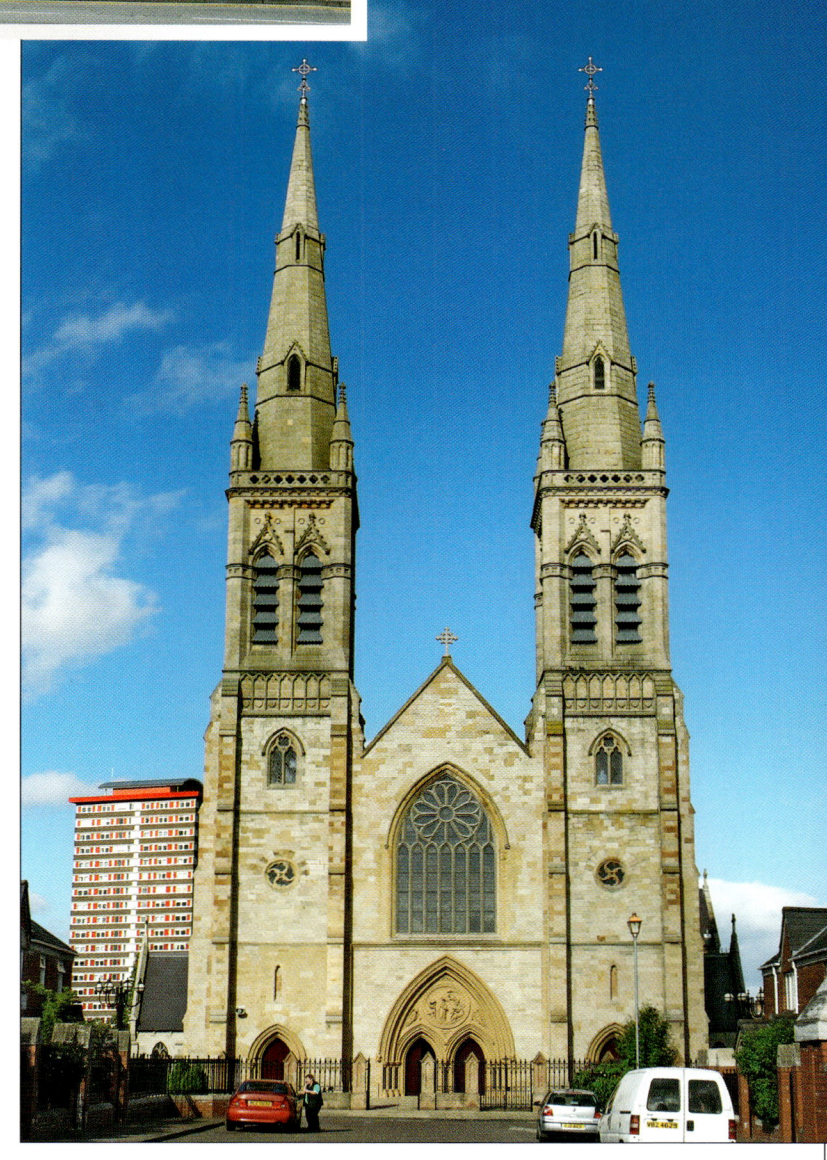

pidement et l'on dut construire une cité ouvrière aux longues rangées de maisons mitoyennes. Témoin de cette époque, Conway Mill est une filature datant de 1840 dont la visite permet de se faire une idée des pénibles conditions de travail des liniers.

## Royal Victoria Hospital

L'hôpital Royal Victoria, "*The Royal*", est un élément marquant de Falls Road. Construit entre 1900 et 1903, il révolutionna l'architecture hospitalière en optant pour une juxtaposition de salles serrées les unes contre les autres au même étage et fut, semble-t-il, le tout premier édifice civil doté d'un système de climatisation. C'est aujourd'hui un centre hospitalier regroupant quatre hôpitaux: le Royal Victoria, la maternité du jubilée royal, l'hôpital royal des enfants malades de Belfast et l'hôpital de médecine dentaire.

# Peintures murales

Une des attractions insolites qui attire les visiteurs en Irlande du Nord ces dernières années est la découverte des peintures qui, de mur en mur, en racontent l'histoire. Plus de 2.000 de ces *murals* y ont été recensés depuis les années 1970, comme à Belfast où sont proposés des circuits en taxi ou en bus à impériale. Ce type d'expression murale a été employé aussi bien par les protestants/loyalistes que par les nationalistes/républicains dont elle exprime souvent les opinions politiques. Certaines fresques à fort contenu militariste cèdent progressivement la place à des thèmes moins menaçants comme les héros locaux, par exemple le légendaire footballeur George Best, ou des événements historiques tels que la Grande Famine.

Ci-dessus: peintures des nationalistes/républicains.
Ci-dessous: peintures des loyalistes.

# Excursions

Les environs de Belfast offrent de très agréables excursions à brève distance de la ville. Quels que soient l'âge et les centres d'intérêts de ses visiteurs, l'Irlande du Nord présente en effet d'innombrables activités, des paysages magnifiques, des sites passionnants à découvrir. De la détente à la dépense physique, de la culture à la réflexion, on a l'embarras du choix de la destination et l'assurance de passer des journées inoubliables.

## Ulster Folk & Transport Museum

Ce musée des traditions et des transports retrace l'histoire de l'Ulster à travers des bâtiments anciens qui ont été sauvés et méticuleusement reconstruits sur un site de 27 hectares. Des cottages, des écoles, une église et un moulin hydraulique, entre autres, restituent ainsi la vie d'une ville nord-irlandaise du début du XXe siècle. On y découvre également une collection complète de moyens de transport allant des chars à banc aux voitures automobiles de fabrication irlandaise, dont l'avant-gardiste DeLorean MC-12 à portes papillon.

*Ci-contre: détail de la Chaussée des Géants.
Encadrés: l'Ulster Folk & Transport Museum.*

## Causeway Coastal Route et Chaussée des Géants

La route côtière de la Chaussée des Géants figure au palmarès des cinq plus belles routes du monde. Serrée entre les falaises et la mer, elle longe l'étroite bande de littoral qui va de Carrickfergus à Portrush. Superbe, elle se parcourt pour le plaisir et mène aux neuf *glens* d'Antrim, vastes vallons glaciaires aux paysages bocagers descendant vers la mer (Glenarm, Glencloy, Glenariff, Glenballyemon, Glencorp, Glenaan, Glendun, Glenshesk et Glentaisie). À Mushmills, on peut aussi emprunter le petit train à vapeur pour rejoindre la grande curiosité nord-irlandaise, la Chaussée des Géants (*Giant's Causeway*) dont les colonnes de basalte qui se sont formées il y a de cela 62-65 millions d'années offrent un spectacle saisissant.

## Mourne Mountains

Les Mournes forment un massif très compact. Immortalisées dans une poignante chanson du compositeur irlandais Percy French, *Where the Mountains of Mourne sweep down to the sea*, elles ont aussi, semble-t-il, inspiré à C. S. Lewis son *Monde de Narnia*. Leurs sommets accidentés et zébrés de murets de pierre sèche offrent d'inoubliables promenades dans des décors superbes. Les randonneurs avertis se laisseront tenter par le Circuit des crêtes, le long du Mourne Wall (35,4 kilomètres).

*À droite: formations hexagonales de la Chaussée des Géants.*
*Ci-dessous: les Mournes, dans le comté de Down.*

*Distribué par*
The O'Brien Press Ltd., 12 Terenure Road East, Rathgar, Dublin 6, Ireland
Tél. +353 1 4923333; Fax +353 1 4922777
e-mail: books@obrien.ie; site: www.obrien.ie
**ISBN 978-1-84717-151-1**
Première publication: 2009

© Copyright 2009 by Casa Editrice Bonechi - Florence - Italy
Tél. +39 055576841 - Fax +39 0555000766
e-mail: bonechi@bonechi.it - site: www.bonechi.com
**ISBN 978-88-476-2450-4**

*Projet et conception éditoriale:* Casa Editrice Bonechi. *Directeur éditorial:* Monica Bonechi
*Recherche iconographique:* équipe éditoriale de Casa Editrice Bonechi
*Projet graphique et mise en pages:* Alessandro Calonego, Elena Nannucci
*Couverture:* Elena Nannucci. *Rédaction:* Patrizia Fabbri, Síne Quinn
*Textes de* Alan Morrow. *Traduction de l'anglais:* Rose-Marie Olivier

Œuvre collective. Tous droits réservés. Aucune partie de cette publication ne peut être reproduite,
mémorisée ou diffusée sous aucune forme ni par quelque moyen électronique, chimique ou mécanique,
ni par photostats ou photocopies, ni par aucun autre système, y compris cinéma, radio, télévision,
ni par aucun système de mise en archives et de recherches d'informations que ce soit, sans l'accord écrit
de la société d'édition.

La couverture, la mise en pages et autres réalisations des graphistes de Casa Editrice Bonechi
pour cet ouvrage sont protégées par copyright international.

Imprimé en Italie par Centro Stampa Editoriale Bonechi.

CRÉDIT PHOTOS
Les photos appartiennent aux archives de Casa Editrice Bonechi et ont été prises par
Andrea Fantauzzo, Ghigo Roli *(page 20 en haut)*.

Ont en outre collaboré:
Photos pages 60 en haut, 61 en haut: © Fáilte Feirste Thiar.

L'éditeur s'excuse des erreurs et omissions éventuelles et se déclare disposé à y remédier
à la demande des ayants droit.

\* \* \*